Ganzheitlich gesund

Anita Aschenbrenner

FÜHLEN LERNEN – FLIESSEN LASSEN – LEBEN

Anita Aschenbrenner

Fühlen lernen
fließen lassen
leben

AURUM VERLAG · BRAUNSCHWEIG

Titelfoto: Lester Lefkowitz/Tony Stone
Mit 76 Schwarzweiß-Fotografien von
Beate Krebs, Karlsruhe

Die Deutsche Bibliothek – CIP-Einheitsaufnahme
Aschenbrenner, Anita:
Fühlen lernen – fließen lassen– leben / Anita Aschenbrenner.
– Braunschweig : Aurum-Verl., 1994
(Ganzheitlich gesund)
ISBN 3-591-08355-0

1994
ISBN 3-591-08355-0
© Aurum Verlag GmbH, Braunschweig
Alle Rechte vorbehalten
Gesamtherstellung: Chemnitzer Verlag und Druck GmbH,
Werk Zwickau

INHALT

VORWORT

Als ich Anita Aschenbrenner kennenlernte, steckte sie mitten in einer ernsthaften gesundheitlichen Krise. Mir unbekannte Gegebenheiten hatten sich in ihrer Vergangenheit so stark verdichtet, daß ihr gesamtes körperliches Gleichgewicht durcheinandergeraten war. Als Tanzlehrerin konnte ich Zeichen einer extremen inneren Anspannung in ihrem Körper entdecken. Bei dieser ersten Begegnung teilte Anita mir mit, daß sie gern an meinem Trainingsprogramm teilnehmen würde. Als sie dann das gesundheitliche Problem beschrieb, mit dem sie konfrontiert war, hatte ich große Zweifel, daß selbst die Rehabilitationsmaßnahmen, die ihr unmittelbar bevorstanden, in der Lage sein würden, ihr Gleichgewicht schnell genug – wenn überhaupt – wiederherzustellen.

Heute ist Anita ein anderer Mensch. Ihr Körper ist entspannt, und ihre Fähigkeit zu tanzen hat sich um ein Vielfaches weiterentwickelt. Seit unserer ersten Begegnung hat sie viele tiefe Erfahrungen sowohl in den Bereichen Tanz, Musik, Therapie und Heilung als auch in ihren persönlichen Beziehungen gemacht. Wenn sie heute sagt, daß „Loslassen" das wichtigste sei, was sie gelernt habe, dann ist das nicht nur so dahergesagt. Für Anita war „Loslassen" das Boot, das sie sicher durch sämtliche Krisen getragen hat, denen sie begegnet ist. Wenn wir das Geschenk annehmen, das sie uns mit diesem Buch macht, kann uns ihr leuchtendes Beispiel nicht nur zu mehr Gelassenheit und besserer Gesundheit führen, sondern auch zu größerer Lebensfreude.

Als Teilnehmerin an meinem Ausbildungsprogramm lernte Anita nicht nur von mir, sondern indirekt auch von meiner Lehrerin Anna Halprin. Was ich von Anna lernte, inspiriert und unterstützt mich und meine Arbeit noch immer und ist Teil all dessen, was ich lehre. Wie Anita begegnete Anna Halprin einer ernsthaften Erkrankung mit Mut und Kreativität und fand einen Weg zur Selbstheilung. Anna Halprins Art zu unterrichten besteht nicht darin, daß der Schüler exakt das kopiert, was der Lehrer vormacht. Sie ist vielmehr davon überzeugt, daß man jedem Individuum Achtung erweisen muß. Sie ermutigt ihre Studenten, die Informationen aus ihrem Unterricht so zu verarbeiten und zu verändern, daß sie ihren besonderen Bedürfnissen Rechnung tragen. Dieses Buch ist im Geist von Anna Halprins *Movement Ritual* geschrieben. Zunächst wurde dieses Material durch die Linse meiner Erfahrung gesehen und dann auch durch Anita weiter verändert, um ihren eigenen Bedürfnissen und denen ihrer Kursteilnehmer gerecht zu werden. Wenn Sie sich von diesem Buch angesprochen fühlen, sollten Sie sich die Mühe machen, sich auch ein Exemplar von Anna Halprins *Movement Ritual* zu besorgen (auf Englisch und Deutsch erhältlich), um noch weiter in die Materie einzudringen.

KERIAC

EINLEITUNG

Vor mehreren Jahren hat mich das Leben durch Krankheit und über die Konfrontation mit meinen Todesängsten auf den Weg zu den Quellen meiner Krankheit und damit auch auf den Weg zu mehr wirklicher Lebendigkeit geführt. Bereits zu Beginn dieses Veränderungs- und Bewußtwerdungsprozesses sorgte eine Kraft in mir dafür, daß ich das, was ich gerade gelernt hatte, nicht nur für mich behielt und nutzte, sondern auch an andere interessierte Menschen weitergab. Direkt nach der Tanzausbildung bei Keriac war es das *Daily Ritual*, ein spezielles Körperübungsprogramm, das ich sehr zu schätzen gelernt hatte und das ich jetzt für mich und meine Kurse abänderte.

Ein Traum, den ich damals im ersten Ausbildungsjahr bei Keriac hatte, zeigt deutlich, was für mich die zentrale Bedeutung des *Daily Ritual* war und noch verstärkt in der von mir abgewandelten Form ist:

„Ich bin im Tanzunterricht in meiner Gruppe. Wir machen gerade tiefe Körperarbeit mit entsprechenden Körperübungen. Da sagt eine Schülerin zu unserem Lehrer: ‚Die Anita macht die Übungen falsch – die strengt sich gar nicht an.‘ Doch der Lehrer erwiderte: ‚Sie macht es genau richtig für sich – ihre Arbeit ist das Loslassen, und das ist für sie mindestens genauso anstrengend wie für euch, wenn ihr die Übungen so macht, wie ich sie gezeigt habe…‘"

Im nachhinein betrachtet war damals vielleicht schon irgendwo in mir der Kern für meine veränderte Form des *Daily Ritual* geschaffen.

Diese verkürzte, vereinfachte und wieder ergänzte Variation kam in meinen Kursen sehr gut an: Die Kursteilnehmer waren überrascht, was sie dabei alles über ihren Körper und über sich erfuhren und wie gut die Übungen ihnen taten. Und die Teilnehmer und Teilnehmerinnen, die nach einiger

Zeit erneut einen meiner Kurse besuchten, erzählten, daß sie die Übungen noch eine Zeitlang regelmäßig weitergemacht, den Übungsablauf aber schließlich vergessen hatten, nachdem sie eine Weile ausgesetzt hatten.

Dies brachte mich auf die Idee, ein kleines Übungsbuch zusammenzustellen, um es meinen Kursteilnehmern zu ermöglichen, die Übungen auch allein weiterzumachen. Doch es bedurfte noch einiger Anstöße, um die Idee zum Entschluß reifen zu lassen. So traf ich irgendwann „zufällig" eine frühere Kursteilnehmerin, die über Rückenschmerzen klagte und bedauerte, daß sie den Übungsablauf nicht mehr wußte. Sie war überzeugt, ihre Beschwerden damit loslassen zu können. Genauso „zufällig" hatte ich gerade einen neuen Kurs begonnen, in dem sie ihre Erinnerung auffrischen konnte. Danach war sie wieder in der Lage, die Übungen täglich zu Hause zu machen, und nach wenigen Tagen hatten sich ihre Rückenschmerzen aufgelöst.

Diese Erfahrung gab mir den letzten Anstoß, mich endlich an die Arbeit zu machen. Gemäß meiner alten Programmierung setzte ich mich allerdings erst einmal ordentlich unter Druck, indem ich den Fertigstellungstermin auf drei Monate danach festlegte und dies auch auf Werbeblättern bekanntgab. Doch das Leben machte mir einen Strich durch die Rechnung, indem es dafür sorgte, daß ich mich mir selbst erst einmal wieder so stark zuwenden mußte, daß ich nicht mehr in der Lage war, meine Energie für Dinge außerhalb von mir so zu bündeln, wie es für eine solche Arbeit erforderlich ist.

Eineinhalb Jahre ruhte das Projekt und arbeitete dennoch in mir weiter. Die Übungen veränderten sich allmählich, und eine neue Qualität von Bewegung brach sich mit der Zeit Bahn: Ich lernte, mich über meine körperlichen Grenzen hinaus auszudehnen, mir Raum zu nehmen – und das alles ohne Anstrengung, nur mit Hilfe des Atems geschehen zu lassen und gleichzeitig noch mehr loszulassen und mich hinzugeben. Damit hatte sich mir der Weg zu meiner eigenen Kraft noch mehr geöffnet, und auf dieser Grundlage konnte ich das Buch dann schließlich zu Ende bringen.

Eine Bitte habe ich an meine Leser und Leserinnen: Beim Durchlesen ist mir aufgefallen, daß ich den Stand meiner augenblicklichen Erfahrungen zum Teil sehr absolut formuliert habe. Das möchte ich auch nicht verändern, es ist einfach meine momentane Wahrheit. Sie allerdings möchte ich auffordern, mit meinen Aussagen und Übungsanleitungen kritisch umzugehen. Machen Sie sich Ihre eigenen Gedanken und übernehmen Sie nicht einfach alles unbesehen. Prüfen Sie vielmehr, was für Ihre eigene Situation paßt, und verändern Sie, was vielleicht nicht paßt. Vergessen Sie auch nicht, sich Wissen und Weisheit aus der Natur zu holen. Stellen Sie im Kontakt mit ihr Ihre offenen Fragen und schärfen Sie Ihre Sinne, um für die Antworten empfänglich zu werden, die sie jederzeit für uns bereithält.

Wo immer Sie im Leben stehen, was immer Sie gerade tun: Es ist Ihre Aufgabe, offen zu sein, zu spüren, was Sie berührt – angenehm oder unangenehm –, wo Sie Auflehnung, Zustimmung oder noch ganz andere Gefühle in sich spüren, und im Kontakt mit sich selbst, Ihrem Körper, Ihren Gefühlen, Ihrer inneren Stimme oder Ihrem höheren Selbst (oder wie immer Sie es nennen mögen) zu Ihrer eigenen Wahrnehmung zu gelangen. Wichtig ist, daß Sie Ihre eigene momentane Wahrheit finden und immer wieder bereit sind, sie Ihren neuesten Erfahrungen und Erkenntnissen gemäß zu verändern.

Die Körperübungen in diesem Buch können dabei eine große Hilfe sein. Sie zeigen Ihnen, wo im Leben Sie gerade stehen, und eröffnen Ihnen die Möglichkeit, Ihre Grenzen kennenzulernen und gleichzeitig mit ihnen zu spielen, sie zu erweitern und immer mehr loszulassen, indem Sie sich der Schwerkraft anvertrauen und sich Ihrem Atem öffnen, Ihrer Stimme und Ihren Gefühlen, die damit an die Oberfläche steigen und frei werden können. So sind Sie immer wieder bereit, Ihre bisherige Form aufzugeben und immer mehr Vertrauen ins Leben zu entwickeln, denn immer wieder werden Sie die Erfahrung machen, daß etwas Neues an die Stelle des Alten tritt, etwas, das viel lebendiger und bunter ist als die Starre, die zuvor da war.

Indem ich einen Teil meiner Erfahrung an Sie weitergebe, möchte ich Sie ermuntern, Ihre eigenen Erfahrungen, die Sie mit den Übungen machen werden, in jeden Bereich Ihres Lebens einfließen zu lassen und immer bewußter mit sich selbst umzugehen. Dann werden Sie vielleicht feststellen, daß Sie immer weniger Anstöße von außen (wie ich sie etwa in diesem Buch geben kann) benötigen und immer mehr Anstöße in sich selbst finden werden.

- Machen Sie die Übungen möglichst täglich, immer zur gleichen Zeit. Wählen Sie einen Zeitpunkt, zu dem Sie voraussichtlich regelmäßig Zeit und Ruhe für sich selbst haben. Wenn Sie die Übungen immer zur gleichen Zeit machen, müssen Sie nicht jedesmal von neuem Energie dafür aufwenden, sich daran zu erinnern und zu überwinden. Die Übungen werden vielmehr ein selbstverständlicher Teil Ihres Tagesablaufes. Morgens zu üben hat den Vorteil, daß Sie fit in den Tag gehen, abends dagegen sind Sie vermutlich weitaus gelenkiger als direkt nach dem Aufstehen.

  Wenn Sie nicht viel Zeit haben, sollten Sie sich lieber darauf beschränken, eine oder zwei Übungen in Ruhe und mit Hingabe zu machen als durch das ganze Programm zu hetzen oder vielleicht gar nichts zu machen.
- Sorgen Sie für einen geschützten Rahmen, indem Sie sicherstellen, daß Sie beim Üben möglichst nicht gestört werden.
- Lüften Sie den Raum gut, bevor Sie mit den Übungen beginnen.
- Tragen Sie lockere Kleidung oder noch besser gar nichts.
- Die Übungen gehen fließend ineinander über: Die Endposition der einen Übung ist die Ausgangsposition für die nächste. Zwischen den einzelnen Übungen, die im Liegen gemacht werden, können Sie sich aber auch immer wieder ganz am Boden ausstrecken, ausruhen und entspannt nachspüren, bevor Sie zur nächsten Übung gehen.
- Es wurden keine Angaben zur Dauer der einzelnen Übungen gemacht. Drei Punkte im Text (...) deuten an, daß die Übung je nach den Bedürfnissen des Übenden länger oder kürzer gemacht oder wiederholt werden kann.

- Lesen Sie die Übungsanleitungen sorgfältig durch und betrachten Sie die dazugehörigen Abbildungen, bevor Sie anfangen zu üben.
- Machen Sie am ersten Tag *nur* die Wahrnehmungsübung (Seite 25) und in den folgenden Tagen nur eine oder zwei Übungen. Konzentrieren Sie sich dabei auf Ihren Atem und das bewußte Wahrnehmen, Loslassen und Öffnen Ihres Körpers. Nehmen Sie sich dann die Übungen im ersten Abschnitt (Seite 31–39) vor und machen Sie diese mehrere Tage lang. Dehnen Sie die Übungsfolge allmählich immer mehr aus, indem Sie die Übungen der folgenden Abschnitte nach und nach in Ihr tägliches Programm aufnehmen. Erst wenn Ihr Körper mit den einzelnen Abschnitten vertraut ist, machen Sie den gesamten Übungsablauf im Zusammenhang.
- Wichtig ist, daß Sie sich nie selbst unter Druck setzen. Lassen Sie sich Zeit, die Übungen langsam und bewußt zu machen, und beobachten Sie stets, wie Ihr Körper darauf reagiert. Achten Sie immer wieder auf eventuelle Unterschiede zwischen linker und rechter Körperseite. Nehmen Sie Ihre inneren Widerstände und körperlichen Grenzen ernst und gehen Sie nicht mit Gewalt darüber hinweg. Gerade am Anfang, wenn Ihr Körper noch nicht mit den Übungen vertraut ist und Sie selbst erst anfangen, Ihren Körper kennenzulernen, sollten Sie die Bewegungen noch langsamer machen, als Sie für „richtig" halten. Das gibt Ihnen die Möglichkeit, wirklich wahrzunehmen, wie Sie sich bewegen.
- Behalten Sie immer im Auge, daß es nicht darum geht, eine Bewegung auf genau die Art zu machen, die die Übungsanleitung vorschreibt. Es ist vielmehr so, daß die Übung Sie zu etwas auffordert, und daß es Ihre Aufgabe ist, dieser Aufforderung am nächsten zu kommen, soweit es *ohne Mühe* möglich ist. *Ohne Mühe* bedeutet immer, daß Sie Ihre Muskeln nicht anspannen, sondern *loslassen*. Dieses Loslassen kann allerdings – so paradox sich das auch anhören mag – erst einmal sehr mühsam sein und

14

sehr viel Konzentration erfordern. Nehmen Sie sich also genügend Zeit, um herauszufinden, was Sie in jedem Moment tun, das heißt, welche Muskeln Sie unbeabsichtigt benutzen, um die Bewegung auszuführen. Nehmen Sie wahr, wo es Ihnen leichtfällt, Muskeln loszulassen und welche Muskelstränge sich vielleicht gar nicht oder nur mit sehr viel Konzentration entspannen lassen. Vergleichen Sie immer wieder die rechte mit der linken Körperseite, um Unterschiede festzustellen.

Wenn Verspannungen scheinbar zunehmen

Wenn Sie die Übungen einige Monate lang gemacht haben und feststellen, daß Sie mehr Verspannungen in Ihrem Körper wahrnehmen als am Anfang, sollten Sie nicht verzweifeln und denken, daß das ja doch alles nichts nützt. Zum einen könnte es sein, daß Sie gerade mit einem ungelösten Konflikt kämpfen, der sich, obwohl er Ihnen vielleicht bisher gar nicht bewußt war, körperlich Ausdruck verschafft und Ihnen dadurch die Chance gibt, sich seiner bewußt zu werden.

Höchstwahrscheinlich ist es aber so, daß Sie Ihre Körperwahrnehmung inzwischen so gut geschult haben, daß Sie dadurch sich selbst und Ihren ganzen Körper mit all seinen Verspannungen besser wahrnehmen, daß Sie also besser mit sich selbst in Kontakt gekommen sind. Es kann auch sein, daß Anspannungen sich zu lösen beginnen, die zuvor chronisch waren und als Daueranspannung, das heißt als unbewußte Körperhaltung, nicht mehr wahrgenommen wurden. Solche chronischen Anspannungen können sich zu dauerhaften Erkrankungen entwickeln, wenn sie nicht rechtzeitig losgelassen werden.

Im Laufe der Zeit werden Sie die Erfahrung machen, daß Sie Ihre körperlichen Verspannungen erst dann wirklich loslassen können, wenn Sie auch Ihre Einstellung gegenüber bestimmten Situationen, Menschen, Dingen und sich selbst gegenüber aufgeben können, drückt doch jede Körperhaltung auch eine bestimmte Lebenshaltung aus, etwas, das Sie in irgendeiner Form festhalten. Ihr Körper ist der Spiegel all Ihrer bewußten und unbewußten Einstellungen zum Leben.

16

Wenn sich innere Widerstände bemerkbar machen

Wenn Sie einen inneren Widerstand spüren, einen Widerwillen gegen die Übungen, dann sollten Sie sich Zeit nehmen, um diesem Widerstand Raum zu geben, indem Sie einfach nur daliegen, atmen und in sich hineinspüren und hineinhören. Darüber kommen Sie vielleicht in Kontakt mit dem, was sich hinter diesem Widerstand verbirgt. Wenn Sie statt dessen willensstark über den Widerstand hinweggehen, kann es passieren, daß Sie zwar „brav" Ihre Übungen machen, Ihrem Körper aber gleichzeitig unbewußt nicht erlauben, sich wirklich zu öffnen, sondern statt dessen eventuell noch eine zusätzliche Panzerung über die möglicherweise tief versteckten Gefühle legen.

Wenn Sie nur über das Nach-innen-Spüren nicht weiterkommen, können Sie sich eine einzige Übung vornehmen (z. B. die Spirale, Seite 55), die Sie durch ihre starke Öffnung sehr schnell auf den Punkt bringen kann, und sie sehr langsam und ganz bewußt in Verbindung mit tiefem Atmen/Stimme machen. Achten Sie dabei auf die Gedanken und Gefühle, die möglicherweise auftauchen. Sie können auch ein paar Tage aussetzen und sich beobachten: Wie leben Sie gerade? Wieviel Ruhe gönnen Sie sich? Vielleicht möchten Sie aber auch einfach nur leben, was gerade kommt, ohne es zu hinterfragen. Dann tun Sie das – doch tun Sie es ganz bewußt. Dann haben Sie auch jederzeit die Möglichkeit, diesen Zustand wieder zu verändern.

Bei Hohlkreuz oder starken Spannungen in den Beinen

Wer ein starkes Hohlkreuz hat beziehungsweise unter starken Spannungen in den Beinen leidet, sollte während der Übung entweder die Beine aufgestellt lassen (auf den Fotos sehen Sie abwechselnd aufgestellte und ausgestreckte Beine) oder noch besser sich eine Rolle (etwa eine zusammengerollte Decke) unter die Knie legen. So kann die angespannte Muskulatur am besten loslassen. Dies gilt für alle Übungen in der Rückenlage, soweit nicht in anderer Weise mit den Beinen gearbeitet wird.

Wenn Sie frieren oder andere körperliche Veränderungen wahrnehmen

Der Raum, in dem Sie üben, sollte angenehm warm sein, vor allem, wenn Sie unbekleidet üben wollen. Es kann allerdings erforderlich sein, warme Socken anzuziehen, da die Füße auf keinen Fall kalt werden dürfen. Sie beeinflussen nämlich über die Fußreflexzonen den ganzen Körper. Sollten Sie trotz aller Wärme von außen während der Übungen zu frieren beginnen, so kann es ein Zeichen dafür sein, daß durch das Loslassen der Muskulatur und die damit verbundene Öffnung des Körpers innere, bisher eingeschlossene Kälte frei wird. Nehmen Sie ganz bewußt wahr, wie Ihr Körper darauf reagieren möchte, und folgen Sie dem ersten Impuls aus Ihrem Innern. Vielleicht möchten Sie sich zusammenrollen, sich in warme Decken kuscheln oder etwas dergleichen. Nehmen Sie dann bewußt wahr, wie Sie sich dabei fühlen, und achten Sie weiterhin auf Ihren Körper.

Wenn es öfter vorkommt, daß diese innere Kälte frei wird, sollten Sie mit unterschiedlichen Reaktionen experimentieren. Sie können sich beispielsweise ganz auf die Kälte einlassen, ihr immer mehr Raum geben, etwa durch entsprechend intensives Ausatmen mit Stimme. Hören Sie, was Ihnen der spontane Ausdruck Ihrer Stimme über diese Kälte erzählen kann. Achten sie auch auf all Ihre Gedanken und Gefühle und nehmen Sie weitere körperliche Veränderungen bewußt wahr.

Ein anderes Mal stellen Sie sich vor, daß Sie die Kälte über Ihren ganzen Körper ausatmen und beim Einatmen über jede Pore Ihres Körpers Wärme aufnehmen.

Vielleicht kommen Ihnen noch andere Ideen, wie Sie diese Kälte erforschen können. Letztendlich werden Sie sie nur hinter sich lassen können, wenn Sie durch sie hindurchgehen, sich ihr stellen, sie annehmen.

Andere körperliche Reaktionen auf die Übungen sollten Sie ebenso genau wahrnehmen. Beispielsweise kann Wärme freiwerden oder ein Zittern durch den Körper gehen. In einzelnen Körperteilen kann sich ein Kribbeln bemerkbar machen oder das Gefühl, daß der Körperteil einschläft. Das kann jedoch auch ein Zeichen dafür sein, daß in diesem Bereich eine Panzerung „angetaut" wird – so wie im Winter eiskalte Hände in der Wärme erst einmal zu kribbeln anfangen, bevor sie ganz auftauen. Natürlich dauert es viel länger, bis eine Körperpanzerung ganz aufgetaut ist – immerhin hat sie sich über Jahrzehnte aufgebaut.

Konzentrationsprobleme

Wenn Sie immer wieder durch störende Gedanken von der bewußten Wahrnehmung Ihres Körpers abgelenkt werden, sollten Sie versuchen, diese Gedanken bewußt wahrzunehmen, um sie dann genauso bewußt wieder loszulassen. Ärgern Sie sich nicht über Ihr Abschweifen, sondern nehmen Sie einfach zur Kenntnis, daß es so ist. Sich voll auf den eigenen Körper zu konzentrieren, mag für manche Menschen einfach zuviel der Konzentration sein. Als Reaktion darauf wandern ihre Gedanken ständig ab, und vielleicht haben sie sogar das Bedürfnis, die Übungen abzubrechen. In diesem Fall kann es hilfreich sein, Musik hinzuzunehmen, um einen Teil der Aufmerksamkeit abzulenken. Probieren Sie aus, was Sie am besten unterstützt.

Wenn eine Übung schwerfällt

Lernen Sie die Signale Ihres Körpers kennen und achten, um zu verhindern, daß Sie Ihre eigenen Grenzen überschreiten. Letztendlich weiß kein schlaues Buch, kein Therapeut und keine Therapeutin, kein Guru und auch sonst niemand besser, was für Ihren Körper, Ihren Geist und Ihre Seele gut ist, als Sie selbst. Sollte Ihnen eine Übung extrem schwerfallen, dann lassen Sie sie lieber weg oder finden Sie eine abgewandelte Form. Nachdem Sie eine Zeitlang regelmäßig geübt haben, können Sie probieren, ob Ihnen die Übung inzwischen leichter fällt. Seien Sie offen für Veränderungen, die Ihr Körper spontan in die Übungen einbringt. Der jeweils beschriebene Bewegungsablauf ist lediglich ein Gerüst, das Ihnen hilft, sich selbst näherzukommen. Mit der Zeit werden Sie ihn vielleicht Schritt für Schritt an Ihre momentanen Erfordernisse anpassen.

Unterschiede zwischen rechter und linker Körperseite

Sehr hilfreich ist es, während der Übungen immer wieder die rechte mit der linken Körperseite zu vergleichen und wahrzunehmen, wo es Unterschiede gibt. Ganz allgemein steht die rechte Körperseite für unseren Verstand, für das analytische Denken, während die linke Körperseite – da, wo ja auch tendenziell unser Herz ist – für unsere Gefühle steht, für Kreativität etc. Beim Üben können Sie also hautnah spüren, welche der beiden Seiten Sie stärker unterdrücken. Allerdings können Interpretationen dieser Art auch an der Sache vorbeigehen. So kann die Verspannung auf der einen Seite auch Ausdruck davon sein, daß es die Aufgabe dieser Körperseite ist, die andere Seite beständig zu unterdrücken, deren Impulse zurückzuhalten oder sie mit großer permanenter Anstrengung zu kompensieren. Letztendlich gibt nur eine genaue Betrachtung der verschiedenen Lebenssituationen und der körperlichen Reaktion darauf zuverlässig Auskunft darüber, was hinter der Verspannung steckt. Das ist allerdings nicht immer ohne therapeutische Hilfe möglich.

Partner- und Fortgeschrittenenübungen

Partner- und Fortgeschrittenenübungen sind in diesem Buch als solche gekennzeichnet. Partnerübungen sollten außerhalb des Übungsablaufs gemacht werden, am besten natürlich als unterstützende Vorbereitung direkt vor dem Übungsablauf. Fortgeschrittenenübungen können Sie an den entsprechenden Stellen selbst in den Übungsablauf einfügen, indem Sie die jeweilige Übung gegen ihre Fortgeschrittenenversion austauschen beziehungsweise die vorhergehende Übung kürzer machen. Die Bezeichnung „Fortgeschrittenenübung" ist nicht wertend gemeint. Sie bedeutet lediglich, daß es sich um eine Übung mit weitergehender Dehnung handelt. Wir alle haben unterschiedliche Stärken und Schwächen. Eine Übung, die der eine problemlos macht, bereitet einem anderen vielleicht größte Schwierigkeiten, bei einer anderen Übung kann es genau umgekehrt sein. Außerdem kann Ihre Fähigkeit, eine bestimmte Übung zu machen, sich von Tag zu Tag verändern. Ich selbst beispielsweise erlebe immer wieder, daß ich Schulterstand und Pflug weglasse, weil sie mir zu schmerzhaft sind, und daß sich das von einer Stunde auf die andere ändern kann, weil ich in meinem Leben etwas verändert, einen Menschen oder eine Situation losgelassen und mich damit von etwas verabschiedet habe, das offensichtlich nicht gut für mich war.

Das Übungsprogramm

1. KÖRPERWAHRNEHMUNG

Sie liegen ausgestreckt auf dem Rücken. Behalten Sie Ihre jetzt spontan eingenommene Körperhaltung während der ganzen Übung bei.

Machen Sie eine Reise durch Ihren Körper, bei der Sie bewußt wahrnehmen, wo Sie in Ihrem Körper Anspannung spüren und welche Unterschiede es zwischen der linken und der rechten Körperseite gibt.

Beginnen Sie bei Ihren Füßen. Nehmen Sie wahr, wie Ihre Fersen auf dem Boden aufliegen – ist es rechts und links die gleiche Stelle? Wie ragen die Füße in die Luft, senkrecht nach oben oder fallen sie – vielleicht unterschiedlich weit – nach außen?

Dann wandern Sie mit Ihrer Aufmerksamkeit in Ihre Waden – wie fühlen sie sich an, an welcher Stelle liegen sie auf dem Boden auf?

Gehen Sie jetzt weiter zu Ihren Knien. Wie entspannt fühlen sie sich an? Liegen sie auf dem Boden auf oder wie weit sind sie vom Boden entfernt – rechts und links gleich oder unterschiedlich?

Dann zu Ihren Oberschenkeln: Spüren Sie dort irgendwo Anspannung? Ist sie auf einer Seite stärker als auf der anderen oder einfach anders? Was genau ist anders?

Weiter zum Becken: Vergleichen Sie, wie die rechte und die linke Beckenseite auf dem Boden aufliegen. Ist die Gewichtsverteilung gleich oder ist eine Seite mehr belastet?

Wie entspannt ist Ihr Po, Ihr After, Ihre Geschlechtsorgane? Wo spüren Sie Anspannung?

Wie fühlt sich der Kreuzbeinbereich (oberhalb des Steißbeins) an? Liegt er entspannt auf dem Boden oder spüren Sie dort Anspannung/Festhalten?

Jetzt wandern Sie mit Ihrer Aufmerksamkeit den Rücken hinauf. Wie liegt der untere Rücken auf dem Boden auf?

Spüren Sie ein Hohlkreuz? Wie groß ist der Abstand zum Boden? Ist irgendwo Anspannung zu spüren? Gibt es irgendwelche Unterschiede zwischen der rechten und der linken Seite?

Wie fühlt sich Ihr Bauch an? Locker, rund, entspannt oder vielleicht eingezogen, hart oder ganz anders?

Haben Sie in der Brust das Gefühl von viel Raum oder eher von Enge?

Wie liegt der obere Rückenbereich, wie die Schulterblätter auf dem Boden auf? Ist die Anspannung, die Sie vielleicht spüren, rechts und links unterschiedlich?

Liegen die Schultern entspannt? Können sie sich mit ihrem Gewicht zum Boden fallen lassen, den Brustraum öffnend, oder sind sie nach vorn gezogen, gehalten?

Wie fühlt sich der Übergang von Ihren Schultern zu den Armen an? Können Sie dort Anspannung spüren?

Wandern Sie mit Ihrer Aufmerksamkeit weiter die Arme entlang, die Oberarme, die Ellbogen, die Unterarme – ist irgendwo ein Anspannen, ein Festhalten zu spüren? Vergleichen Sie, wie der rechte Arm liegt und wie der linke. Wo liegen sie auf dem Boden auf?

Nehmen Sie wahr, wie sich die Handgelenke anfühlen, wie Ihre Hände auf dem Boden liegen. Oder liegen sie vielleicht irgendwo auf Ihrem Körper? Welche Körperstellen bedecken sie dabei? Wie offen sind Ihre Hände oder wie stark zusammengezogen Ihre Finger, rechts und links unterschiedlich?

Gehen Sie jetzt weiter zu Ihrem Nacken. Nehmen Sie wahr, wie entspannt oder verspannt er ist. In welcher Entfernung zum Boden befindet er sich? Wie fühlt sich der ganze Hals innen und außen an? Ist der Kehlkopf angespannt, ist irgendwo Druck zu spüren? Fühlt er sich frei und offen an oder haben Sie vielleicht einen Kloß im Hals?

Jetzt nehmen Sie Ihre gesamte Wirbelsäule vom Steißbein bis zum Beginn des Hinterkopfes wahr. Wo liegt sie auf dem Boden auf, wo nicht? Wo spüren Sie Anspannung, wo fühlt sie sich zusammengezogen oder gestaucht an, wo entspannt, offen, weit?

An welcher Stelle liegt der Kopf auf dem Boden auf – genau auf der Mitte des Hinterkopfes? Oder ist der Kopf eher nach rechts oder links gedreht, nach hinten oder vorn gekippt? Wie fühlt sich die Kopfhaut an, angespannt oder entspannt oder unterschiedlich in verschiedenen Bereichen des Kopfes? Wie fühlt sich Ihre Stirn und der Bereich hinter der Stirn an? Spüren Sie irgendwo Anspannung oder Druck, rechts und links unterschiedlich? Sind Ihre Nasenflügel vielleicht leicht aufgebläht oder nach unten gezogen? Sind Ihre Lippen eher aufeinandergepreßt oder leicht geöffnet? Ist der Unterkiefer entspannt oder die Kiefermuskulatur angespannt? Sind die Zähne zusammengebissen? Wo liegt die Zunge im Mund? Ist sie entspannt oder drückt sie vielleicht gegen den Gaumen oder die Zähne? Jetzt nehmen Sie wahr, wie Ihr Atem kommt und geht. Ist es ein Fluß oder gibt es nach dem Einatmen oder dem Ausatmen eine Pause? Wie lang ist ein Atemzug beim Einatmen und beim Ausatmen? Wieviel Luft nehmen Sie in sich auf und wieviel lassen Sie wieder los beim Ausatmen? Nehmen Sie wahr, wo Sie Ihre Atmung im Körper spüren können, wo durch die Atmung Bewegung stattfindet. Wo ist ein Heben und Senken, ein Dehnen von bestimmten Körperbereichen – im Bauch, im Magen, im Zwerchfell, an den Rippen, in der Brust, in den Schultern, auf dem Rücken, in den Seiten? Wo bewegt sich nichts? Zum Abschluß nehmen Sie Ihren gesamten Körper und das Gefühl in Ihrem Körper wahr. Wo spüren Sie im Moment die meiste Anspannung? Und dann nehmen Sie wahr, wie Sie mit dem Entdeckten umgehen, was Sie darüber denken, was Sie fühlen. Lassen Sie schließlich alle Bewertungen über sich und Ihren Körper los. Nehmen Sie all das, was Sie entdeckt haben, wertfrei an, einfach als Bilanz dessen, was gerade jetzt, in diesem Moment, Ihre Realität, die Realität Ihres Körpers ist, und nehmen Sie Ihren Körper, und damit sich selbst, an.

Umarmen Sie jetzt Ihren Körper, umarmen Sie sich selbst als Zeichen der Annahme, als guten Freund, als gute Freundin.

Nehmen Sie sich anschließend noch Zeit, das Gefundene in die Körperabbildungen auf den Seiten 29 und 30 einzutragen (evtl. Kopien davon anfertigen) und schreiben Sie Ihre Gedanken und Assoziationen, die Sie zu den gefundenen Anspannungen haben, Ihre Ideen über Zusammenhänge von Verspannungen und körperlichen Beschwerden auf. Wiederholen Sie diese Übung von Zeit zu Zeit. Wenn möglich, sprechen Sie die Anleitung auf Tonband und machen die Übung dann mit Hilfe des gesprochenen Textes.

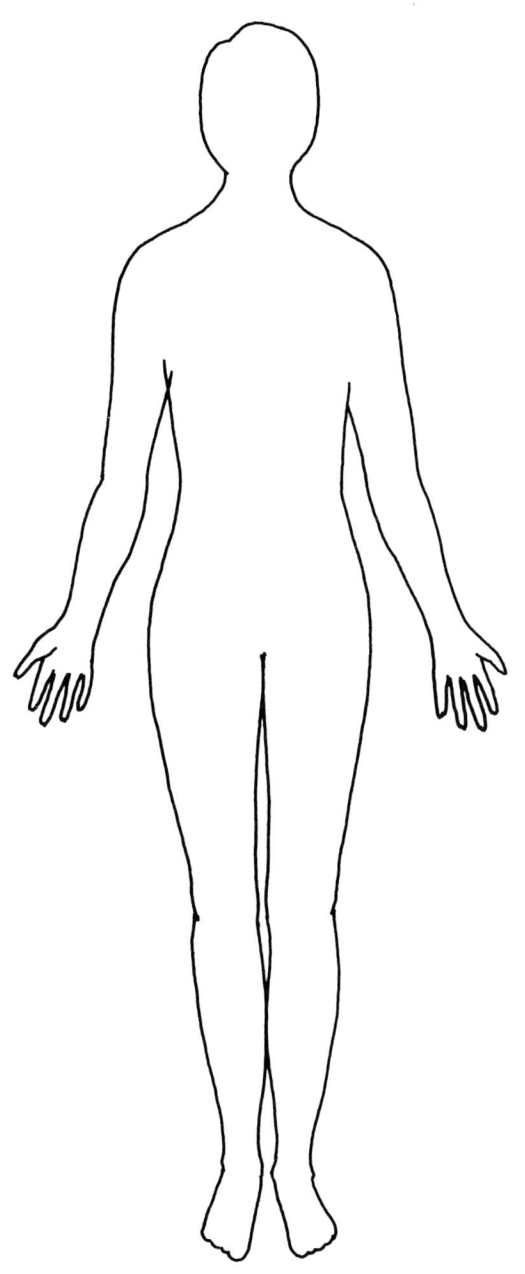

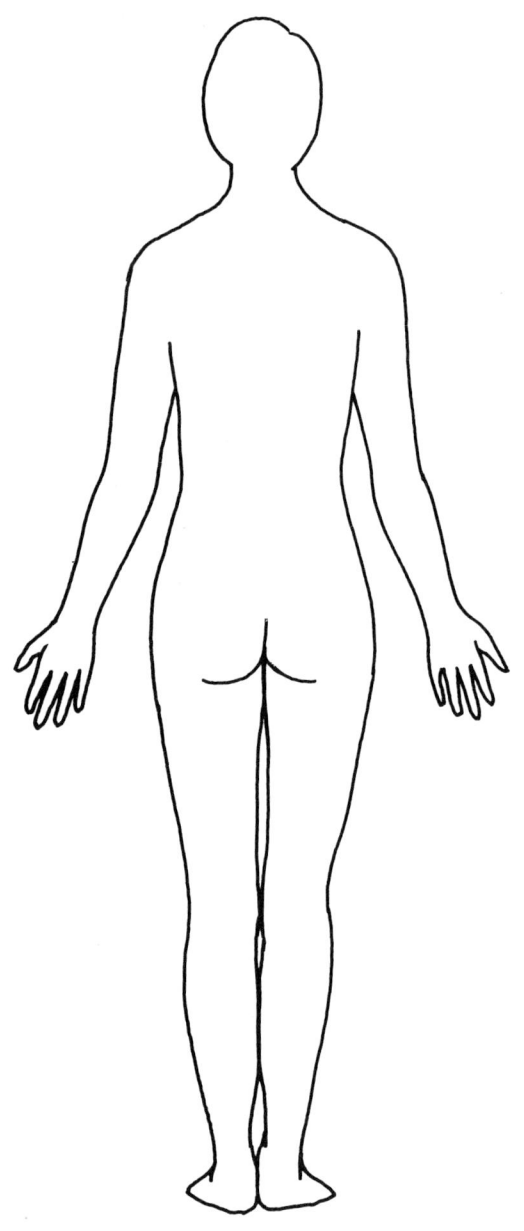

30

2. ATMUNG

Rückenatmung

Sie sitzen auf dem Boden. Legen Sie die rechte Hand tief unter die rechte Pobacke und ziehen Sie den rechten Sitzhöcker nach außen (Sie finden diesen Knochen im inneren Teil Ihrer Pobacke). Tun Sie dann dasselbe mit der linken Hand und dem linken Sitzhöcker, bis Sie breit und fest am Boden sitzen.

Reiben Sie nun Ihre Füße zwischen Ihren Händen und stellen Sie sie in ca. 15 cm Abstand parallel zueinander so hin, daß sie mit der ganzen Fußsohle fest am Boden ruhen.

Reiben Sie nun Ihre Hände kräftig aneinander und streichen Sie dabei auch über die Handrücken. Stützen Sie beide

Ellbogen auf die Knie und lassen Sie Ihr Gesicht in die zu einer flachen Schale geöffneten Hände sinken. Geben Sie dabei das ganze Gewicht Ihres Kopfes an die Hände ab.

Atmen Sie tief bis ins Becken und mit demselben Atemzug weiter hoch bis in die Schultern und tief in den Rücken, so daß er sich nach hinten wölbt. Atmen Sie tief und lange aus und stellen Sie sich vor, daß Ihr Atem durch Ihr Becken in den Boden fließt. Lassen Sie mit dem Ausatmen auch Ihre Stimme kommen.

Hilfestellung: Stellen Sie sich vor, daß aus Ihren Füßen und Sitzhöckern Wurzeln in den Boden wachsen. Sollte es zu anstrengend für Sie sein, mit aufgestellten Beinen zu sitzen, dann lassen Sie die Beine zu Boden sinken und finden für sich eine passende Haltung, während Sie das Gewicht Ihres Kopfes an die Hände abgeben.

Achtung: Achten Sie darauf, die Schultern beim Einatmen nicht nach oben zu ziehen.

◆ *Fortgeschrittenenübung: Die Knospe öffnet sich*

Massieren Sie Hände und Füße wie oben beschrieben. Legen Sie den Kopf auf die Knie. Die Fersen bleiben am Boden, während Sie Ihre Zehen/Fußballen mit gestreckten Armen an sich heranziehen. Mit jedem Einatmen atmen Sie tief bis ins Becken und weiter hoch in den Rücken, so daß sich dieser mit Atem füllt und nach hinten dehnt. Mit jedem Ausatmen drücken Sie Ihre Füße

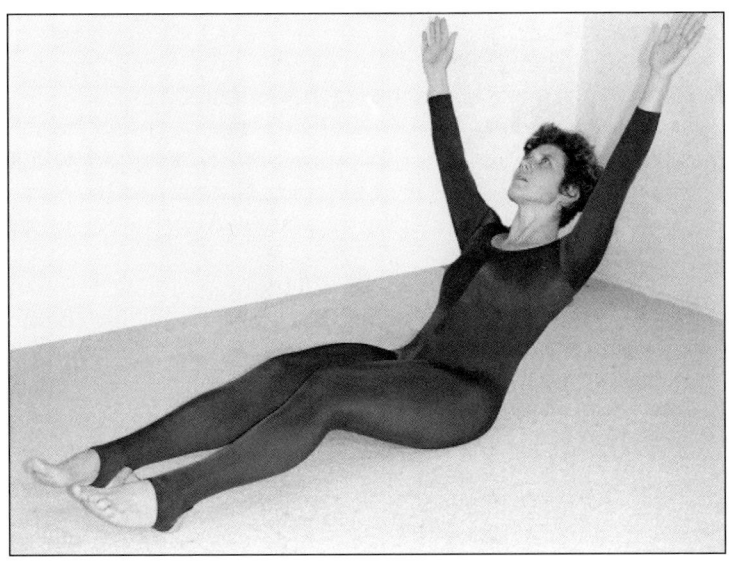

langsam und kontinuierlich in Richtung Boden und lassen sich dabei die Arme Stückchen für Stückchen aus den Schulterblättern ziehen. Unterstützen Sie diese Dehnung durch ganz bewußtes Loslassen in diesem Körperbereich und mit Hilfe Ihrer Stimme. Jedes Einatmen ist wie der Lebenssaft, der im Frühjahr in die Pflanzen schießt, und jedes Ausatmen, verbunden mit der kontinuierlichen Dehnung, gleicht der Knospe, die dabei immer voller wird, bis schließlich die Oberflächenspannung so groß ist, daß sie aufbricht und ihre ganze Schönheit entfaltet. Und so kommen auch Sie an diesen Punkt, wo der Spannungsbogen so groß wird, daß Sie gleichsam aufbrechen.

In diesem Moment gehen Ihre Füße ganz zu Boden und werfen damit durch die losgelassene Spannung Ihre Arme, so gestreckt wie sie sind, weit in die Luft, und vom roten Punkt aus (vergl. Seite 35) wird Ihr Körper weiter nach hinten schnellen, bis er ganz ausgestreckt und offen am Boden liegt.

Nehmen Sie sich Zeit, sich in Ihrer Offenheit zu spüren, speziell Ihren Schulterblatt-Brust-Armbereich und Ihren ganzen Körper.

Achtung: Machen Sie diese Übung nur, wenn Sie den Kopf bequem auf die Knie legen können.

Hilfestellung: Sie können den Grad der Dehnung beeinflussen, indem Sie Ihre Füße näher am Körper aufstellen oder weiter davon entfernt und je nachdem, wo Ihr Kopf die Knie berührt, an der Stirn, an den Augen oder unter den Wangenknochen.

Ist Ihr Körper bereits gut geöffnet und gedehnt, können Sie die Dehnung noch steigern, indem Sie die Beine immer mehr strecken, während Sie die Füße zum Boden ziehen.

Wenn Sie diese Fortgeschrittenenübung gemacht haben, entfallen die beiden folgenden Übungen für Sie.

Gesichtsmassage

Während Sie weiteratmen wie oben beschrieben (mit Stimme) und das Gewicht Ihres Kopfes ganz in die Hände geben, fangen Sie an, Ihr Gesicht zu massieren. Benutzen Sie dazu alle Teile Ihrer Hände, ohne ihre Position zu verändern. Die Fingerspitzen können den Haaransatz massieren, die Finger über ihre gesamte Länge die Stirn, die Daumen die Stirnaußenseite, die Handballen die Augen und Wangen, die Handteller die Wangenknochen...

Sich der Erde anvertrauen

Lassen Sie sich vom „roten Punkt"* aus langsam mit dem Ausatmen rückwärts zu Boden sinken, wobei die Hände gleichzeitig über das Gesicht nach unten gleiten mit der Vorstellung, daß Sie dabei eine Maske von Ihrem Gesicht ziehen. Die Beine sinken zeitgleich mit den Armen zu Boden, so daß sie am Ende der Bewegung ausgestreckt daliegen.

Vertrauen Sie sich mit Ihrem ganzen Körpergewicht dem Boden an, der Sie trägt. Atmen Sie dabei mit tiefem Seufzer aus und nehmen Sie wahr, wie Ihr Körper jedes Mal ein bißchen tiefer in die Erde/in die Unterlage sinkt.

* Der „rote Punkt" liegt in der Beckenschale. Stellen Sie sich eine Linie vom Bauchnabel zum Steißbein vor. Auf ihrer Mitte finden Sie den „roten Punkt". Vor 2000 Jahren haben chinesische Mönche ihn als heiligen, geistigen Mittelpunkt des Körpers angesehen und auf diesen Punkt meditiert (vgl. Anna Halprin: *Bewegungsritual*).

Gesicht und Körper schmelzen

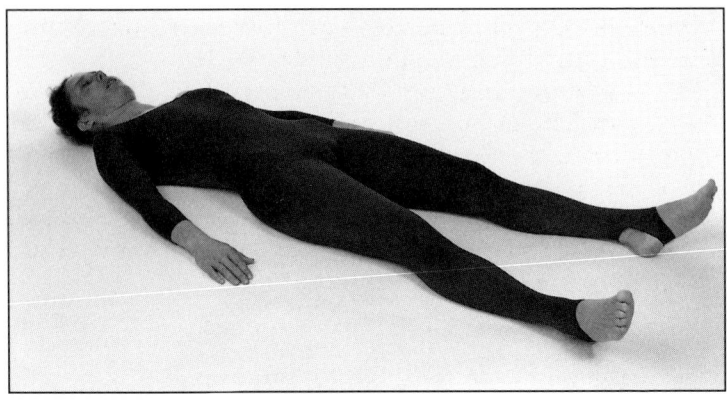

Stellen Sie sich vor, Sie liegen am Strand, und die Sonne scheint angenehm warm auf Sie herunter. Mit jedem Ausatmen mit der Stimme wird Ihr Gesicht immer weicher und schmilzt dabei nach unten wie Eis in der Sonne. Die Stirn schmilzt nach unten über die Augen und nach hinten über die Kopfhaut. Die Kopfhaut schmilzt über den Nacken nach unten und zu Boden. Die Augen sinken tiefer und tiefer in die Augenhöhlen, schmelzen nach unten durch den Kopf bis weit hinunter in die Achselhöhlen. Schließlich schmelzen auch die Wangen nach unten über den Oberkiefer, dann über den Unterkiefer. Dabei öffnet sich der Unterkiefer immer mehr von selbst, schmilzt nach unten weg über den Hals, immer weiter...

Und während Sie alles noch weiter nach unten schmelzen lassen und immer mehr bereit sind, Ihre bekannte Gesichtsform aufzugeben, nehmen Sie wahr, was sich dadurch in Ihrem Körper noch alles verändert.

Nun schmilzt der Hals über die Schultern, die Brust und den Rücken. Die Schultern schmelzen weiter über die Arme, über die Hände in den Boden und gleichzeitig über den Brustkorb und den Rücken weiter nach unten. Die Rippen schmelzen über den Bauch nach unten zum Becken. Das Gesäß schmilzt über die Rückseite der Beine nach unten und in den Boden, die Geschlechtsorgane schmelzen über die Oberschenkel nach unten, die Oberschenkel schmelzen über die Knie, die Knie über die Unterschenkel und diese weiter über die Füße in den Boden.

Sie spüren jetzt rings um Ihren Körper die Lache, die sich durch das Schmelzen gebildet hat. Sie sehen sie mit dem inneren Auge, wie die Wasserpfütze, die entsteht, wenn ein Stück Eis in der Sonne schmilzt.

Achten Sie darauf, wie es Ihrem Körper jetzt geht, wie er auf dem Boden aufliegt, welche Gefühle und Gedanken aufsteigen.

Tiefenatmung

Stellen Sie die Füße auf, ohne die Bauchmuskeln einzusetzen (vgl. Seite 47). Legen Sie die Hände auf das Becken, direkt über das Schambein, und atmen Sie tief bis zum Schambein, wobei Sie sich vorstellen, dort einen Luftballon aufzublasen, der sich bis in Ihre Hände wölbt. Beim Ausatmen (immer mit Stimme) stellen Sie sich vor, daß der Atem durch das Kreuzbein (es liegt direkt über dem Steißbein) in den Boden fließt...

Legen Sie jetzt die Hände auf die Rippenbögen: Atmen Sie wie vorher bis tief zum Schambein ein und lassen Sie dann den Atem bis in die Rippen hochsteigen, so daß sie sich nach außen wölben. Beim Ausatmen mit Stimme stellen Sie sich vor, daß der Atem über die ganze Fläche Ihres unteren Rückens in den Boden fließt...

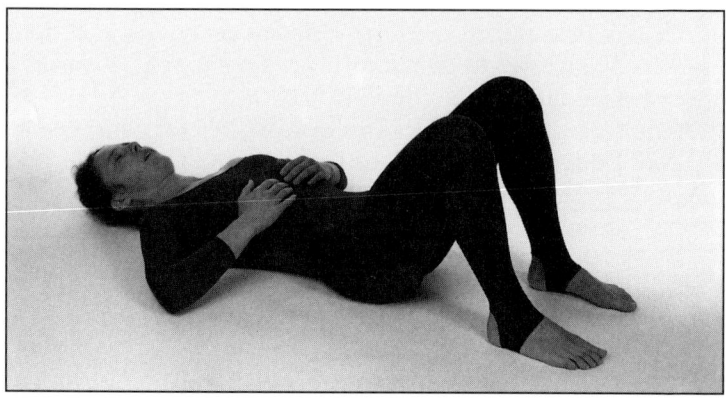

Dann legen Sie die Hände rechts und links auf die Brust, bringen den Atem bis tief zum Schambein, führen ihn hoch in die Rippenbögen und weiter bis in die Brust, so daß auch diese sich weitet, und weiter in die Schultern, ohne daß Sie sie dabei nach oben ziehen – es ist vielmehr ein Gefühl, in die Weite zu atmen. Beim Ausatmen mit Stimme stellen Sie sich vor, daß der Atem über Ihren gesamten Rücken in den Boden fließt...

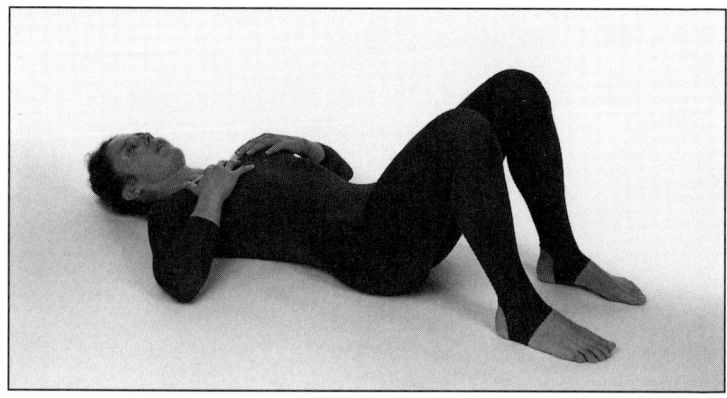

Lassen Sie Beine und Arme zu Boden gleiten, die Arme liegen jetzt parallel neben dem Körper. Geben Sie Ihr ganzes Körpergewicht an den Boden ab und spüren Sie nach, wie sich Ihr Körper jetzt anfühlt. – Lassen Sie beim Ausatmen weiterhin die Stimme mitkommen.

3. KOPF- UND NACKENBEREICH ENTSPANNEN

Den Kopf loslassen

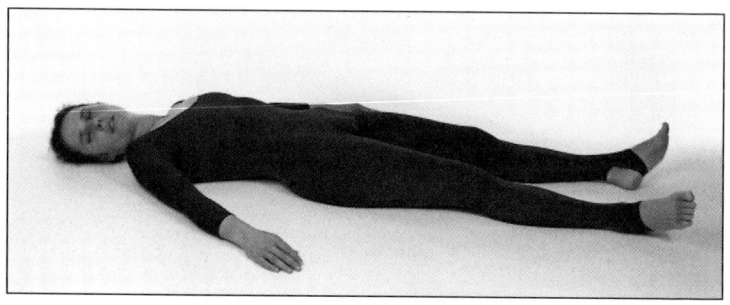

Spüren Sie die Schwere Ihres Kopfes, während Sie ihn mit seinem ganzen Gewicht immer mehr dem Boden anvertrauen. Behalten Sie das Gefühl des Schmelzens bei. Jetzt bewegen Sie mit diesem Gefühl den Kopf so langsam wie möglich nach links, so weit es geht, und dann wieder ganz langsam zurück zur Mitte und von dort weiter nach rechts, so weit wie möglich, und wieder ganz langsam zurück zur Mitte.

Schließen Sie die Übung mit einer leichten Vibration des Kopfes ab, wobei Sie den Kopf, der in der Mitte liegen bleibt, ganz minimal hin- und herbewegen.

Wie nehmen Sie sich jetzt wahr?

Achtung: Es handelt sich um einen ganz gleichmäßigen, kaum sichtbaren Bewegungsfluß.

4. Lösung von Schulter-Brust-Verspannungen

Dehnung des Schultergürtels

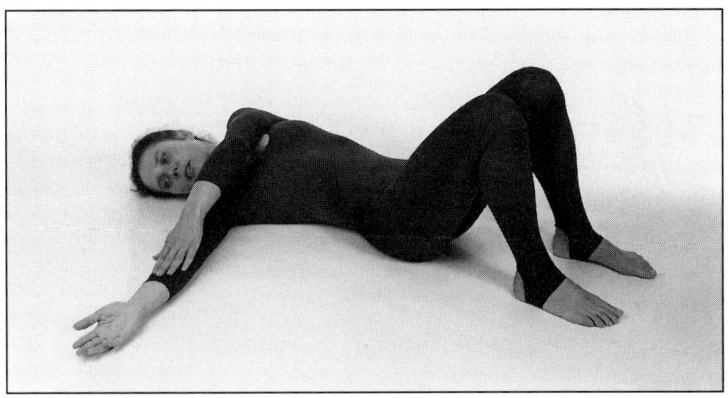

Breiten Sie beide Arme rechts und links waagerecht auf dem Boden aus. Streichen Sie dann mit der rechten Hand über die rechte Brust, die linke Brust, den linken Arm entlang in Richtung linke Hand, soweit es ohne große Anstrengung geht. Der Kopf dreht sich mit, so daß Sie zu Ihrer linken Hand schauen. Nehmen Sie mit dem Einatmen wahr, wie sich u. a. auch Ihr Schultergürtel mit Atemluft füllt. Er dehnt sich und ermöglicht damit, daß die rechte Hand ein bißchen – vielleicht nur wenige Millimeter, vielleicht aber auch mehrere Zentimeter – in Richtung linke Hand weitergleiten kann.

Beim Ausatmen (mit Stimme) lassen Sie los. Richten Sie Ihr Augenmerk dabei vor allem auf den gesamten Rücken mit der Vorstellung, daß er in Richtung Boden sinkt. Gleichzeitig bleibt die Hand an der durch die Atmung und Dehnung des Armes erreichten Stelle.

Mit jedem weiteren Einatmen bewegt sich die rechte

Hand mehr auf die linke Hand zu, und mit jedem Ausatmen entspannt sich der Rücken...

Schließlich gleitet die rechte Hand wieder zurück über den linken Arm, die linke und rechte Brust, bis der Arm wieder in seiner Ausgangsposition liegt.

Nehmen Sie sich Zeit zum Nachspüren: Wie fühlt sich der Rücken an, gibt es Unterschiede zwischen der rechten und der linken Körperseite?

Jetzt machen Sie die Übung zur anderen Seite...

Achtung: Achten Sie darauf, daß bei der Dehnung kein Streß in Oberschenkeln, Becken und Lendenbereich entsteht. Dieser gesamte untere Körperbereich bleibt völlig entspannt und flach am Boden liegen.

Vorübung

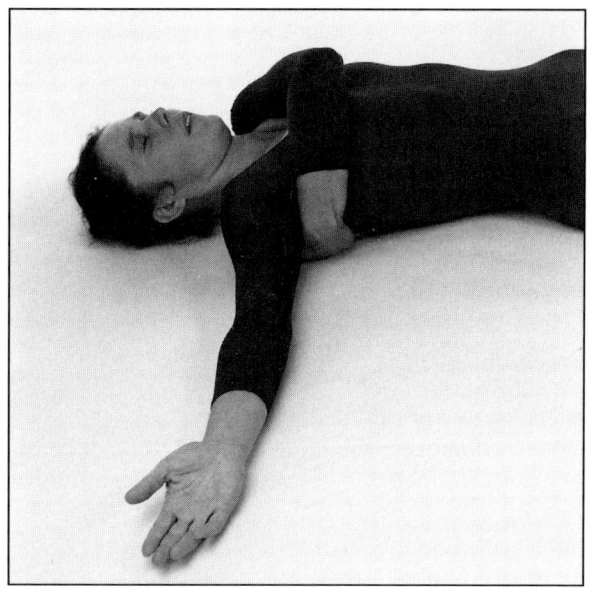

Wenn Ihnen diese Übung schwerfällt, können Sie statt dessen oder als Vorbereitung darauf folgende Übung machen:

Sie liegen auf dem Rücken und legen die linke Hand auf Ihre rechte Schulter, so daß sich Ihr linkes Schulterblatt vom Boden löst. Jetzt führen Sie Ihre rechte Hand unter Ihr freigelegtes linkes Schulterblatt, so daß sie zur einen Hälfte unter Ihrem Schulterblatt liegt. Breiten Sie Ihren linken Arm jetzt nach links zur Seite aus, atmen Sie tief in den linken oberen Rückenbereich und lassen Sie beim Ausatmen mit Stimme los. Lassen Sie mit jedem Ausatmen ein bißchen mehr von der Spannung los, die im Rücken sitzt, so daß Ihr linkes Schulterblatt tiefer und tiefer in Ihre rechte Hand sinken kann.

Bevor Sie die Übung zur anderen Seite machen, ruhen Sie aus und vergleichen die beiden Seiten des Rückens.

Hilfestellung: Statt Ihrer Hand können Sie auch einen Tennisball o. ä. unter Ihr Schulterblatt legen. Probieren Sie aus, welche Stelle sich am besten dafür eignet.

∞ *Partnerübung*

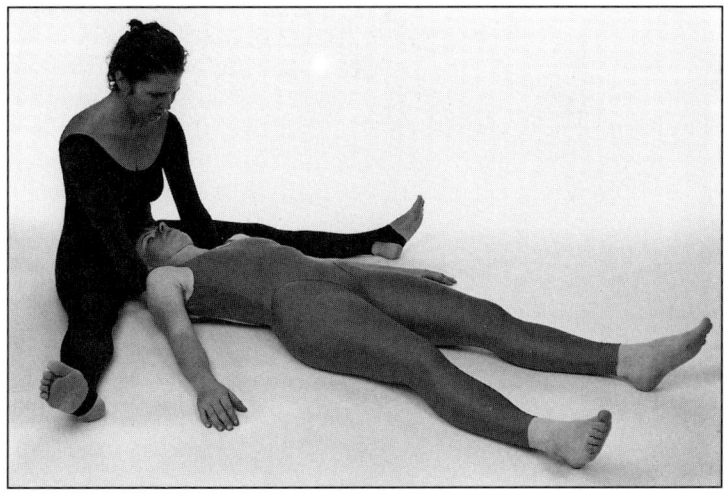

Noch besser ist es natürlich, wenn Sie jemanden haben, der/die seine/ihre Hände unter Ihre Schulterblätter legt, während er/sie bequem an Ihrem Kopfende sitzt. Vielleicht

43

tut es Ihnen auch gut, wenn dabei Ihre Schulterblätter permanent leicht nach außen gezogen werden.

Schultern loslassen

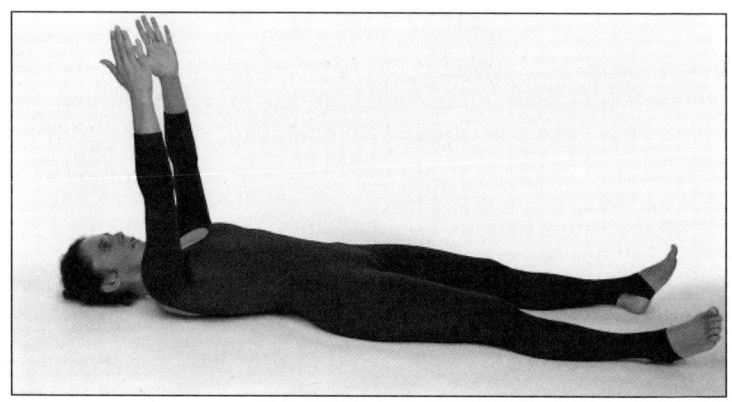

Strecken Sie beide Arme schulterbreit in Richtung Decke, die Handinnenflächen einander zugewandt. Ziehen Sie die Arme mit dem Einatmen Richtung Decke, so daß sich die Schultern vom Boden lösen. Mit dem Ausatmen und einem kräftigen „Hou" lassen Sie die Schultern zurück zum Boden fallen. Die Arme bleiben dabei weiterhin Richtung Decke gestreckt...

Legen Sie nun die Arme am Boden ab und nehmen Sie mögliche Veränderungen in Ihrem Körper bewußt wahr.
Variation: Statt die Arme gestreckt zu lassen, können Sie sie nach den Schultern weich zu Boden fallen lassen...
Achtung: Außer Armen und Schultern ist nichts „im Einsatz". Auch der Nacken ist so weit wie möglich entspannt – lassen Sie sich dabei durch das Bild helfen, daß er fortwährend in Richtung Boden sinkt.

Die Hände sind eine Verlängerung der Arme, d.h. die Finger sind geöffnet und ausgestreckt, ohne daß dabei die Finger- und Handgelenke durchgestreckt werden; sie bleiben entspannt.

44

◆ *Fortgeschrittenenübung:*
Arme isoliert von den Schultern bewegen

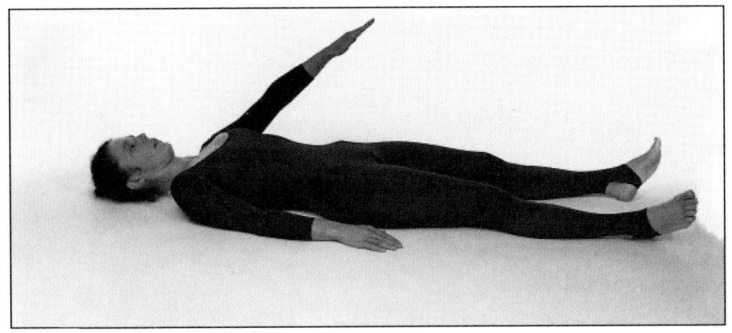

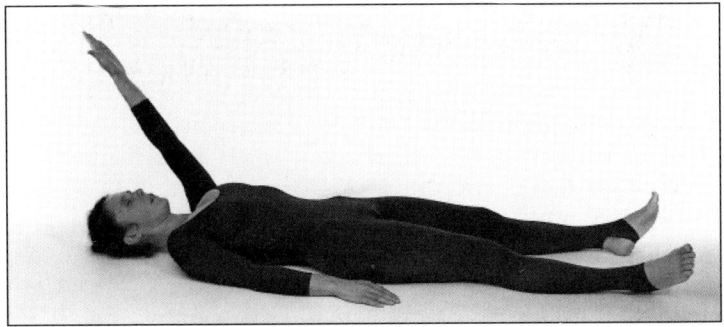

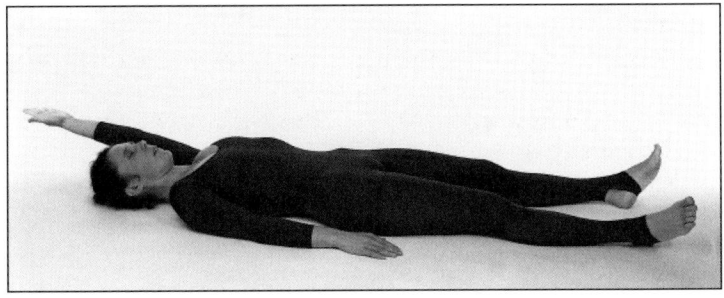

Führen Sie den rechten Arm mit dem Einatmen ganz
gestreckt vom Boden weg nach oben in Richtung Decke,
mit dem Ausatmen (mit Stimme) führen Sie ihn gestreckt

weiter hinter den Kopf zum Boden, ohne dazwischen abzusetzen. Mit dem nächsten Einatmen führen Sie den Arm wieder zurück: gestreckt nach oben und in einer fließenden Bewegung mit dem Ausatmen (mit Stimme) weiter, bis er wieder neben dem Körper am Boden liegt...

Achtung: Die Bewegung wird mit der Armmuskulatur gemacht, die Schultern werden dabei nicht hochgezogen, sondern bleiben entspannt. Achten Sie darauf, daß Sie den Arm auf den letzten Zentimetern nicht einfach fallen lassen, sondern führen Sie ihn, bis er auf der Unterlage ankommt.

Hilfestellung: Wenn die Übung Ihnen schwerfällt, können Sie beim Üben die linke Hand auf die rechte Schulter legen, damit diese entspannt bleibt. Achten Sie jedoch darauf, daß Sie jetzt nicht die linke Schulter hochziehen, sondern auch diese loslassen können. Wenn Sie den Arm nicht über dem Kopf am Boden ablegen können, dann legen Sie sich ein entsprechend hohes Kissen über den Kopf, so daß der Arm irgendwo ankommt, wo er getragen wird und loslassen kann.

Bevor Sie die Übung mit dem linken Arm wiederholen, sollten Sie sich Zeit lassen, um nachzuspüren, was sich in Ihrem Körper verändert hat. Vergleichen Sie die rechte Schulter/den rechten Arm mit der linken Schulter/dem linken Arm.

5. DEN BECKENBEREICH LOSLASSEN

Die Beine isoliert vom Becken bewegen

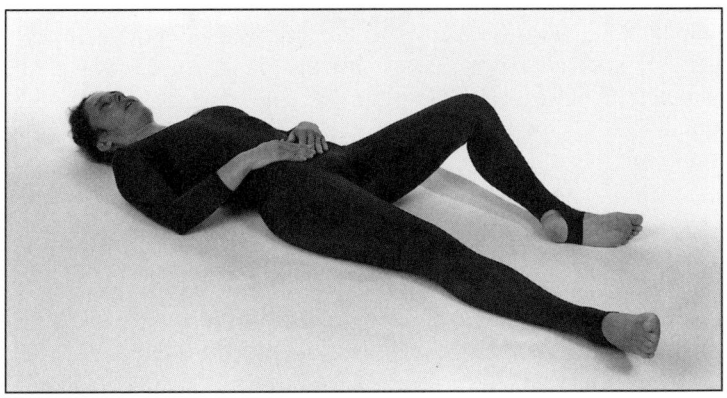

Ziehen Sie die Beine zum Oberkörper, ohne dabei die Bauchmuskulatur einzusetzen. Um zu verhindern, daß Sie Oberschenkel-, Becken- und Bauchmuskulatur als einen festen zusammenhängenden Block (was er leider oft ist)

bewegen, sondern ihn statt dessen auflösen lernen, stellen Sie sich vor, daß an Ihren Knien jeweils ein Faden befestigt ist wie an einer Marionette. Die Knie sinken nach rechts und links nach außen und werden mit dem Ausatmen (der Bauch sinkt immer weiter in Richtung Boden, die Bauchmuskeln sind völlig entspannt) an diesen gedachten Fäden so weit wie möglich seitlich nach oben gezogen, die Fußaußenkanten/Knöchel bleiben dabei immer am Boden, bis am Ende der Bewegung die Hände zu den Knien wandern.

Vielleicht fällt es Ihnen leichter, zuerst nur das eine und dann erst das andere Bein hochzuziehen.

∞ *Partnerübung*

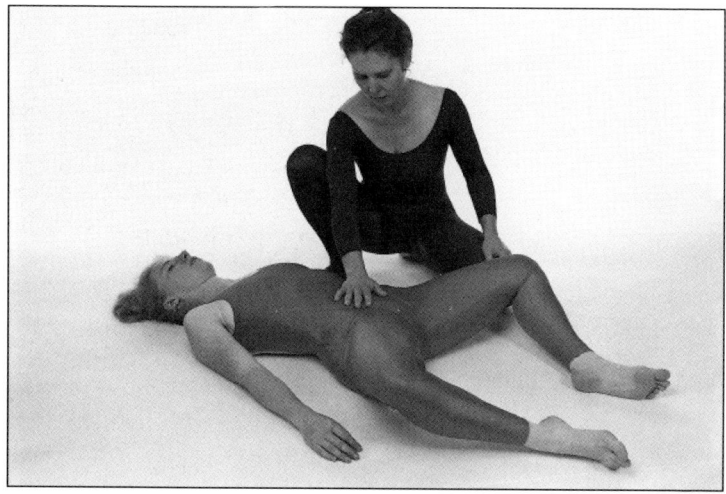

Der Partner/die Partnerin legt ihre Hand mit leichtem Druck auf Ihren Bauch, während Sie mit dem Ausatmen die Knie nach außen sinken lassen. Auf diese Weise wird für Sie selbst und für Ihre Partnerin/Ihren Partner spürbar, wann Sie die Bauchmuskeln einsetzen. Der leichte Gegendruck kann das Loslassen dieser Muskeln unterstützen. Sie können natürlich auch Ihre eigenen Hände auf den Bauch legen.

48

Das Becken bewegen „lassen"

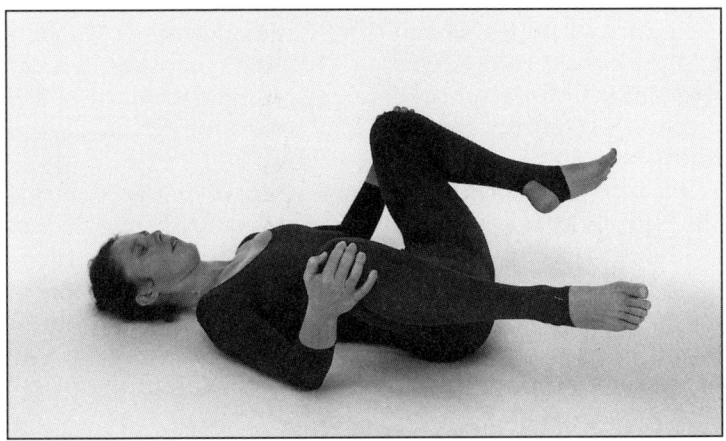

Nachdem Sie Ihre Beine zum Oberkörper gezogen haben, ohne die Bauchmuskulatur einzusetzen (siehe Seite 47), umfassen Sie mit beiden Händen Ihre Knie, während Oberkörper und Kopf auf dem Boden liegen bleiben. Lassen Sie Ihr Becken in Bewegung kommen, indem Sie abwechselnd zuerst ein Knie und dann das andere so weit wie möglich zum Oberkörper ziehen – dann auch beide Knie gleichzeitig... Spielen Sie mit diesen Bewegungen. Machen Sie sie auch ganz klein, bis es nur noch Vibrationen sind. Finden Sie eigene Bewegungen aber achten Sie darauf, daß es nur Ihre Hände sind, die die Bewegungen aktiv ausführen.

Halten Sie mit weit auseinandergefallenen Knien kurz inne und nehmen Sie wahr, wie sich Ihr Kreuzbein und Ihr Becken anfühlen.

Führen Sie die Knie mit dem Einatmen vor dem Körper zusammen, mit dem Ausatmen (mit Stimme) nach unten und lassen Sie sie dort weit auseinanderfallen. Dann ziehen Sie die Knie mit dem nächsten Einatmen über die Seite wieder nach oben und führen sie zusammen...

Kehren Sie die Kreisbewegung schließlich um und lassen Sie mit dem Ausatmen oben die Knie auseinanderfallen, führen Sie sie seitlich nach unten, mit dem Einatmen unten zusammen und zurück nach oben...

Stellen Sie die Füße schließlich wieder auf und lassen Sie die Arme zu Boden sinken. Ihre Aufmerksamkeit wandert in Ihr Becken, zum Kreuzbein. Nehmen Sie wahr, wo das Becken in die Oberschenkel übergeht und nach oben in den Rücken und in den Bauch. Was verändert sich in diesem Moment?

Hilfestellung: Stellen Sie sich beim Einatmen vor, daß sich Ihr Unterkörper weit öffnet und Sie den Atem von dort in sich einströmen lassen. Er wandert die Wirbelsäule entlang hoch bis zum Scheitel, um dann dort zu entweichen. Stellen Sie sich diesen Vorgang nach einiger Zeit in umgekehrter Richtung vor: über den geöffneten Scheitel einatmen und über das Geschlecht und/oder Kreuzbein ausatmen.

Das Becken fallen lassen

Drücken Sie die aufgestellten Füße beim Ausatmen fest auf den Boden. Dadurch hebt das Becken ein Stück vom Boden ab, ohne daß es irgendeiner Anstrengung bedarf. Atmen Sie ein und lassen Sie das Becken locker in der Luft hängen. Indem Sie mit einem „Hou" ausatmen, lassen Sie das Becken/Kreuzbein zu Boden fallen...
Lassen Sie die Beine zu Boden sinken und seien Sie mit Ihrer Aufmerksamkeit ganz in Ihrem Körper.
Hilfestellung: Stellen Sie sich vor, daß an Ihren Fußsohlen kleine Saugnäpfe angebracht sind, die die Fußsohlen überall ganz platt an den Boden ziehen, und daß beim Abdrücken vom Boden eine Kraft senkrecht durch Ihre Füße in den Boden geht. Es sind die Muskeln auf der Rückseite der Oberschenkel, die Sie einsetzen, um Ihr Becken nach oben zu bringen. Ihre Füße stehen so nah am Körper, daß sich die Unterschenkel senkrecht darüber befinden.
Variation: Jedesmal, wenn Sie das Becken fallen lassen, können Sie auch die Beine weich in sich zusammen und zu Boden fallen lassen.

6. VERBINDUNGEN ZWISCHEN OBEN UND UNTEN (SCHULTERN–BECKEN/FÜSSE–KOPF)

Die Welle

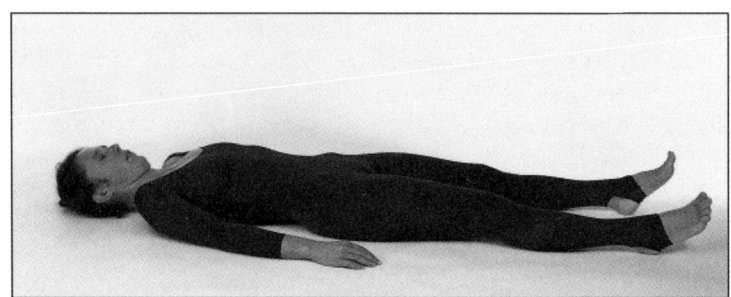

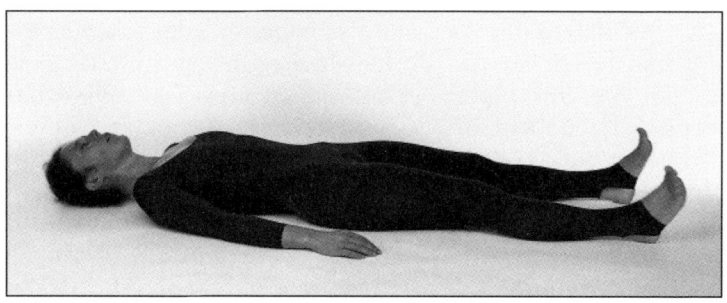

Sie haben Ihr gesamtes Körpergewicht an den Boden abgegeben. Die Arme liegen entspannt neben dem Körper. Stemmen Sie nun die Fersen der ausgestreckt mit ca. 10 Zentimeter Abstand nebeneinander liegenden Beine in den Boden. Wenn Sie jetzt gleichzeitig die Füße in Richtung Körper ziehen, geht – gleich einer Welle – die Bewegung durch Ihren ganzen Körper: durch die Waden, Knie, Oberschenkel, die Wirbelsäule hinauf bis zum Kopf, der sich von selbst nach hinten bewegt, so daß ein größerer Freiraum zwischen Brust und Kinn entsteht. Dann bewegen Sie Ihre Füße vom

Körper weg in Richtung Boden, und die Welle wandert zurück durch den Körper, der Kopf bewegt sich dabei von selbst – ohne jedes aktive Dazutun – zur Brust und wieder von vorn, gleich den Meereswellen, die sich immer wieder von neuem aufbauen... Atmen Sie dabei tief und lange mit Stimme aus. Lassen Sie sich viel Zeit zum Nachspüren. Können Sie vielleicht irgendwo ein Strömen spüren, ein Fließen, Wärme oder vielleicht Kälte?

Achtung: Ihre ganze Muskulatur bleibt entspannt, die Oberschenkelmuskulatur muß nicht arbeiten, die Beine bleiben, soweit möglich, entspannt am Boden liegen, das Becken bewegt sich in der Welle mit: auf und ab, während der Po und der Rücken mit ihrem ganzen Gewicht am Boden bleiben. Verzweifeln Sie nicht – es kann sehr lange dauern, Monate, vielleicht Jahre, bis die Bewegung wirklich überall durchgeht, bis Sie ganz durchlässig sind. Doch gleich jeder Welle, die schließlich den Stein zu Sand macht, wird auch hier jede Welle dazu beitragen, die vorhandenen Blockaden langsam aufzulösen.

∞ *Partnerübung:* Geben Sie sich ganz der Bewegung hin, während Ihr Partner/Ihre Partnerin Ihre Füße auf- und niederdrückt und eine dritte Person gegebenenfalls Ihr Becken und Ihren Brustkorb in der Bewegung unterstützt, jeweils dort, wo die Bewegung steckenbleibt. Die Bewegung sollte zunächst langsam gemacht werden, um Ihnen die Möglichkeit zu geben, nachzuspüren, wo Sie noch loslassen können. *Hilfestellung:* Sie können die Übung auch in einer Badewanne machen. Dann drücken Sie mit den Fußballen gegen den unteren Badewannenteil, während Sie in der Wanne liegen. Durch den Auftrieb des Wassers geht die Bewegung leichter durch den ganzen Körper. So können Sie eine Vorstellung davon bekommen, wie sich die Welle anfühlen könnte... *Bei mangelnder Durchlässigkeit im Rumpf:* Sie liegen auf dem Rücken und haben die Füße im Abstand von ca. 10 Zentimetern aufgestellt. Lassen Sie Ihr Becken zunächst ganz langsam nach unten rollen, so als wollten Sie mit Ihrem

Geschlecht den Boden berühren. Dabei bewegt sich – ohne aktives Zutun, nur durch Loslassen – der Kopf nach unten, so daß das Kinn sich zur Brust bewegt. Dann rollen Sie das Becken zurück und tendenziell ein Stückchen nach oben. Dabei bewegt sich automatisch der Kopf zurück und läßt Sie nach oben und hinten schauen.

Dann fließt die Bewegung wieder zurück nach unten. Es ist ein Rollen über das Kreuzbein zum Steißbein und wieder zurück... Je langsamer Sie die Bewegung machen, desto deutlicher spüren Sie, was sich dadurch alles im Körper mitbewegt beziehungsweise haben Sie auch die Möglichkeit, einzelne Blockaden zu spüren und die dazugehörigen Muskeln loszulassen. Wenn Sie ein Gefühl für den Bewegungsfluß in Ihrem Körper bekommen haben, können Sie die Übung auch schneller machen.

Bei mangelnder Durchlässigkeit in den Beinen: Wenn Sie das Gefühl haben, daß die Welle nicht richtig durch die Beine geht, können Sie außerhalb des Bewegungsablaufes folgende Hilfsübung machen: Sie sitzen am Boden. Ihre Beine liegen ausgestreckt im Abstand von ca. 10 Zentimetern nebeneinander, mit den Armen stützen Sie sich hinter dem Rücken am Boden ab, wobei der Oberkörper entspannt nach hinten lehnt. Stemmen Sie nun die Fersen in den Boden und lassen Sie die Welle zwischen Ihren Füßen und dem Becken hin- und herwandern.

Wirbelsäulendrehung (Die Spirale)

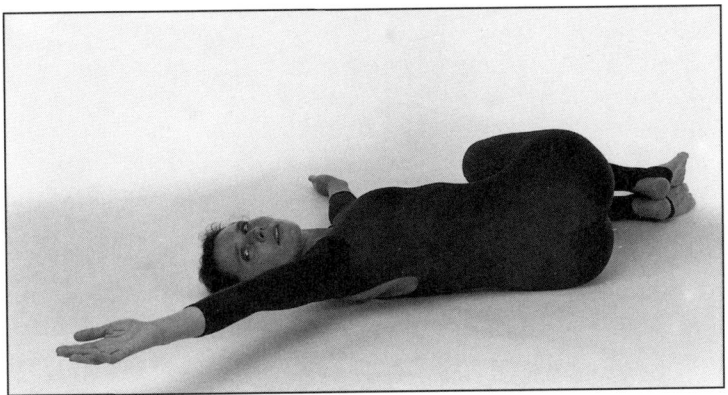

Die Arme liegen seitlich ausgebreitet am Boden, die Hand-
innenflächen zeigen zur Decke. Ziehen Sie nun die Knie so
weit wie möglich zum Oberkörper, ohne die Bauchmuskeln
einzusetzen (siehe Seite 47). Lassen Sie das linke Knie in
Richtung Boden sinken. Das rechte Knie, Becken und
Oberkörper folgen automatisch, wenn Sie Ihren Körper der
Schwerkraft überlassen. Sie liegen jetzt ganz auf der linken
Körperseite, während Ihre rechte Schulter sich durch die

Seitenlage höchstwahrscheinlich vom Boden entfernt hat. Führen Sie Ihren rechten ausgestreckten Arm in diagonaler Verlängerung zu Ihren Knien schräg nach oben neben Ihren Kopf. Drehen Sie den Kopf in Richtung dieses ausgestreckten Armes, dessen Hand geöffnet ist und somit eine Verlängerung des Armes darstellt, während Hand- und Fingergelenke locker bleiben. Richten Sie Ihren Blick ohne Anspannung im Nacken auf die rechte Hand, während Sie mit jedem Ausatmen (mit Stimme) mehr und mehr loslassen.

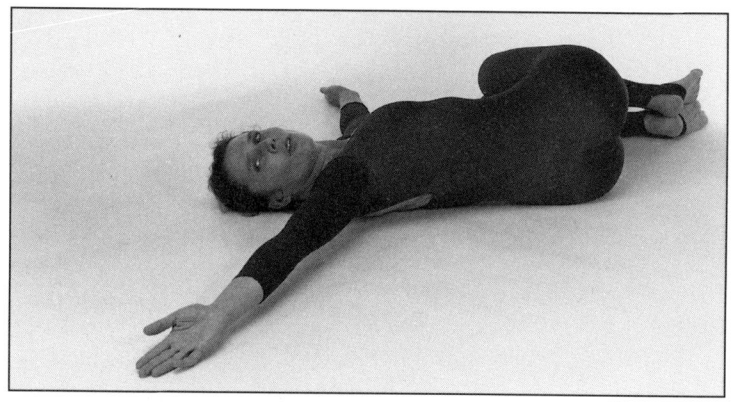

Die rechte Schulter und der rechte Arm sinken mit jedem Ausatmen weiter zum beziehungsweise in den Boden, ebenso die rechte Seite Ihres Oberkörpers, die Sie ebenfalls mehr und mehr loslassen. Indem Sie die Beine zum Oberkörper ziehen und das rechte angewinkelte Bein zurücksinken lassen, rollen Sie zurück auf den Rücken, wobei die Oberschenkel weit auseinanderfallen. Lassen Sie die Beine zu Boden gleiten und spüren Sie nach. Vergleichen Sie die rechte mit der linken Körperseite. Was hat sich verändert? Wiederholen Sie den Ablauf zur anderen Seite.

Achtung: Lassen Sie keine Anspannung im Nacken, keinen Streß im Lendenwirbelbereich und kein Hohlkreuz entstehen. Nehmen Sie sich Zeit, in diese Bereiche zu spüren und Ihre Position gegebenenfalls entsprechend zu verändern.

Hilfestellung: Wenn das obenliegende Bein die Tendenz hat, zusammen mit dem Becken in Richtung Boden/ausgestreckter Arm zurückzurutschen, können Sie Ihrem Körper ein Signal zum Loslassen geben: Mit der freien Hand streichen Sie ganz liebevoll über die Achselhöhle Ihres diagonal ausgestreckten Armes und weiter nach unten über die Seite des Brustkorbes, die Flanke, die Hüfte und weiter über die Außenseite des oben liegenden Beines bis zum Knie. Dies können Sie mehrmals wiederholen und gegebenenfalls mit leichter Vibrationsmassage verstärken, während Sie gleichzeitig Ihren diagonal ausgestreckten Arm mit jedem Ausatmen weiter in den Boden sinken lassen. Schließlich können Sie Ihre Hand auf dem Knie des oben liegenden Beines liegen lassen, so, als sei dies die Information beziehungsweise die Erlaubnis für das Knie, an dieser Stelle liegenzubleiben.

∞ *Partnerübung:* Während Sie in dieser Position liegen, kann ein Partner/eine Partnerin Ihren Nacken massieren, Nacken und Kopf langziehen, die Schulter und das Schulterblatt des diagonal ausgestreckten Armes massieren und lockern, Schultern und Oberarm leicht gegen den Uhrzeigersinn drehen und den Arm dabei in seiner diagonalen

Richtung mit permanentem Zug weiterziehen, während Sie selbst mit dem Ausatmen/der Stimme von innen her dieses Lösen und Lockern unterstützen.

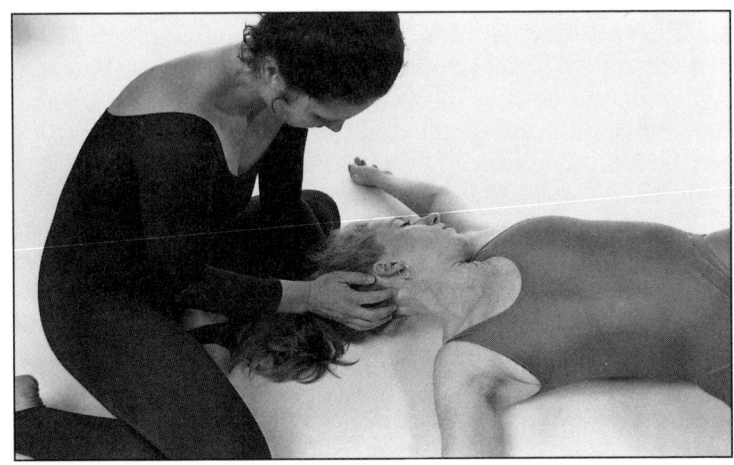

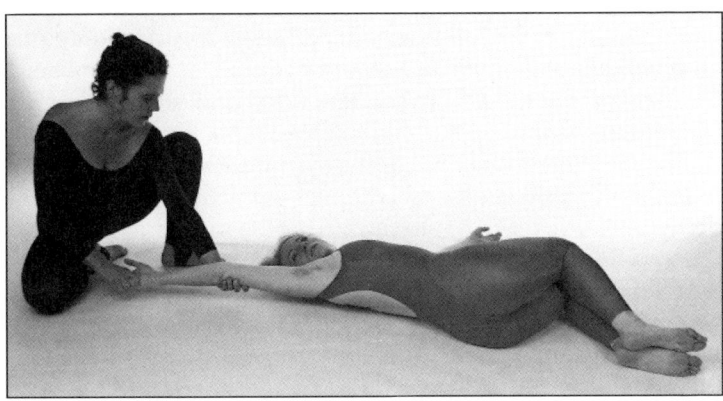

◆ *Fortgeschrittenenübung 1: Ausdehnung*
Wenn Ihnen die Übung einigermaßen vertraut ist und der diagonal ausgestreckte Arm gut auf dem Boden aufliegt, können Sie sich bei jedem Einatmen vorstellen, daß Ihr Atem bis tief in Ihren diagonal ausgestreckten Arm fließt, der sich mit Hilfe des Atems immer weiter vom Körper

weg in den Raum streckt, als würde er von einer Kraft nach außen gezogen. Dabei wird sich der Arm mit dem Einatmen und der folgenden Dehnung auch ein kleines Stückchen vom Boden wegbewegen. Mit dem Ausatmen lassen Sie den Arm in der erreichten Dehnung immer weiter zum Boden zurücksinken ...

◆ *Fortgeschrittenenübung 2:*
Die Knie-Becken-Arm-Verbindung
Bevor Sie sich jeweils wieder auf den Rücken zurückrollen lassen, wandern Sie mit Ihrer Aufmerksamkeit zum unteren Ende Ihres Steißbeines. Dort befindet sich ein Energiepunkt. Beginnen Sie von dieser Stelle aus die Bewegung mit dem Einatmen, wobei der rechte (bzw. auf der anderen Seite der linke) Oberschenkel und das Knie des oben liegenden Beines sich ein Stückchen über das untere Knie hinausbewegen und sich auch die rechte Beckenhälfte in diese Richtung schiebt. Dabei hebt sich ohne jedes aktive Dazutun der rechte diagonal ausgestreckte Arm ein Stück vom Boden ab, während Sie gleichzeitig das volle Gewicht in Ihrem rechten Arm belassen. Dadurch entsteht ein starker Zug und Gegenzug, der die rechte Brust-, Schulter- und Flankenseite bis ins Becken hinein öffnet. Mit dem Ausatmen (mit Stimme) lassen Sie jetzt Ihren rechten Arm durch sein Eigengewicht zurück zum Boden sinken, während gleichzeitig, ohne Dazutun, das rechte Bein/die rechte Beckenseite wieder in die Ausgangsposition zurückgleitet ...

∞ *Partnerübung:* Sie können einen Partner/eine Partnerin bitten, den Energiepunkt (am unteren Ende des Steißbeins, direkt über dem After) zu drücken, während Sie die Übung machen, um so den Impuls für die Bewegung zu geben. Um noch besser mit dem Energiepunkt vertraut zu werden, können Sie jemanden bitten, den Punkt zu drücken, während Sie eine Steigung hochgehen. Gehen Sie zunächst ohne, dann mit dieser Hilfestellung. Sie werden sich kaum noch anstrengen müssen, wenn der Punkt gedrückt wird.

◆ *Fortgeschrittenenübung 3:*
Extreme Wirbelsäulendrehung

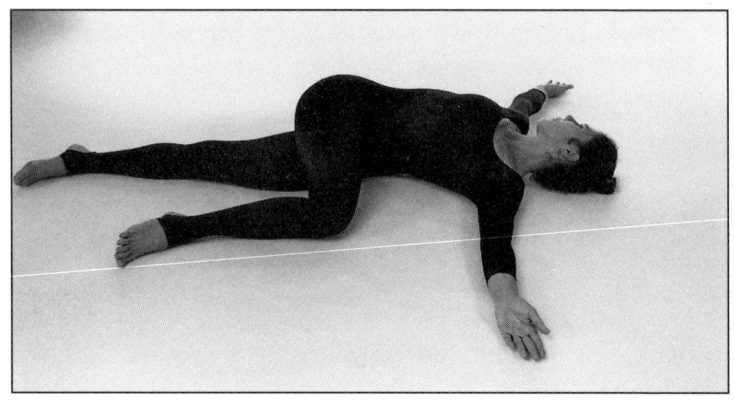

Wenn Ihnen die Spiralübung (Seite 55) relativ leicht
gelingt, wenn der diagonal ausgestreckte Arm/die Schulter leicht zum Boden kommt, können Sie die Übung
abwandeln und damit eine noch stärkere Dehnung
erzielen.
Sie liegen wieder auf dem Rücken, die Arme liegen zur
Seite ausgestreckt am Boden. Jetzt ziehen Sie nur ein
Bein, das rechte, so weit wie möglich hoch zum Oberkörper – wieder ohne Einsatz der Bauchmuskulatur –
und führen es angewinkelt über das ausgestreckte Bein
hinweg zum Boden, so daß Knie, Unterschenkel und Fuß
auf dem Boden aufliegen. Der rechte Arm wurde wieder
diagonal nach hinten geführt und liegt jetzt weiter vom
Boden entfernt als in der vorigen Übung. Lassen Sie auch
jetzt wieder mit Atem und Stimme los, so daß Arm und
Schulter bei jedem Ausatmen immer mehr in Richtung
Boden sinken können…
Es kann durchaus einige Übung erfordern, bis der Arm
ganz zum Boden und schließlich in Ihrer Vorstellung
sogar in den Boden sinken kann. – Zwingen Sie sich nicht,
sondern lassen Sie einfach nur los und nehmen wahr, was
ist.

Indem Sie das Knie wieder zum Oberkörper ziehen, es zurückführen und zur Seite fallen lassen, kommen Sie wieder auf den Rücken. Lassen Sie das Bein zu Boden gleiten und spüren Sie nach, bevor Sie das gleiche zur anderen Seite wiederholen.

7. DEHNUNGEN

Vorbereitungsübungen

Die folgenden Übungen bereiten auf die Fortgeschrittenenübung „Der Pflug" vor (siehe Seite 68). Heben Sie in allen Fällen das Becken so an wie bei der Rückenselbstmassage (Seite 66) beschrieben. Versuchen Sie dann, die gestreckten Beine möglichst weit über Ihren Kopf nach hinten zu bringen.

Version 1 (bei einigermaßen entspanntem Rücken): Wenn Ihnen nur noch ein kleines Stück fehlt, um die Zehenspitzen hinter dem Kopf auf den Boden zu setzen, können Sie vorher ein entsprechend dickes Kissen hinter den Kopf legen und die Übung dann so machen wie auf Seite 68 beschrieben.

Version 2 (bei verspanntem Rücken): Wenn Ihre Zehenspitzen noch sehr weit vom Boden entfernt sind, dann sollten Sie einen Gegenstand hinter sich stellen, der in der entsprechenden Höhe von oben einen Widerstand gegen Ihre Beine geben kann, zum Beispiel einen Stuhl, dessen Sitzfläche von oben gegen Ihre Füße/Beine drückt, während Sie mit ausgebreiteten Armen auf dem Boden liegen und mit jedem Ausatmen (mit Stimme) einen Teil der Spannung loslassen, die Sie im Rücken spüren.

Version 3 (bei extrem verspanntem Rücken): Es kann auch sein, daß Sie Ihre Beine gar nicht über die Körpermitte nach hinten bringen können. In dem Fall sollten Sie ein entsprechend großes Kissen bereithalten, das Sie vielleicht zusammenrollen und unter das Sie gegebenenfalls noch ein dickes Buch oder ähnliches legen. Schieben Sie diese Unterlage so weit unter Ihr Becken, wie Sie es mit den Händen anheben können. Lassen Sie ihr Becken darauf sinken, die Beine sind angezogen und fallen soweit wie möglich auseinander. Breiten Sie nun Ihre Arme auf dem Boden aus und lassen Sie mit jedem Ausatmen Becken, Beine, Rücken und Arme mehr und mehr los. Mit der Zeit können Sie die Stütze unter Ihrem Becken immer höher werden lassen...

Sie spüren sicher selbst, was gut für Sie ist.

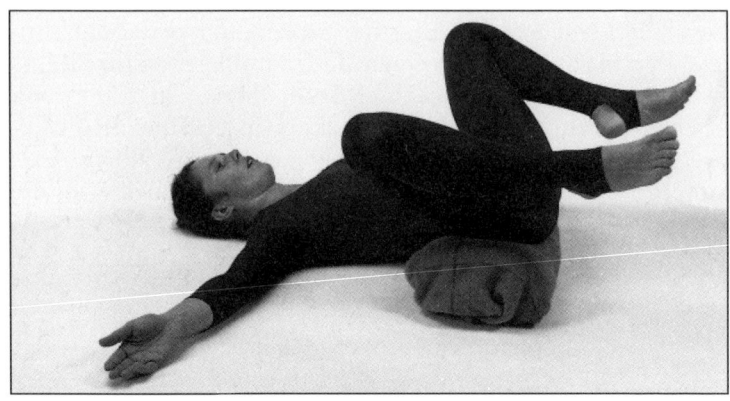

Abschluß für alle drei Versionen: Am Ende der Übung rollen Sie Wirbel für Wirbel ab, indem Sie die Beine ohne Einsatz der Bauchmuskeln und nur mit Hilfe der Hände in Richtung Boden sinken lassen. Dabei üben die Handrücken einen Gegendruck oberhalb der Fersen aus und dosieren damit die Abrollgeschwindigkeit. Sie gleiten langsam über die Waden, die Kniekehlen und Rückseiten der Oberschenkel. Überall dort, wo Sie spüren, daß ein Wirbel heraussteht oder dicker ist, schaukeln Sie auf ihm hin und her, um dann zum nächsten Wirbel weiterzurollen, bis Sie schließlich wieder ausgestreckt am Boden liegen.
Achtung: Außer den Armmuskeln werden keine Muskeln angespannt. Auch der Kopf-Nacken-Bereich bleibt bis zum Schluß entspannt am Boden liegen.

◆ *Fortgeschrittenenübung: Rückenselbstmassage*

Ziehen Sie die Knie, wie immer ohne Einsatz der Bauchmuskeln, so nahe wie möglich an den Körper. Legen Sie die Hände rechts und links neben das Kreuzbein unter das Becken. Leichter ist es, wenn Sie dabei die Beine bereits nach hinten strecken können. Dann sorgt nämlich die Schwerkraft, die Ihre Beine nach unten zieht, dafür, daß sich Ihr Becken schon von allein etwas vom Boden hebt. Unterstützen Sie diese Bewegung, indem Sie die Hände an den Beckenrand legen, und bringen Sie das Becken mit den Händen nach oben und hinten. Die Ellbogen bleiben am Boden und wirken als Hebel. Die gesamte Becken- und Bauchmuskulatur ist völlig entspannt. Lassen Sie die Beine angewinkelt breit auseinanderfallen. Die Knie ruhen jetzt rechts und links in den Achselhöhlen, die Hände umfassen die Fußsohlen beziehungsweise die Fußzehen. Indem Sie Ihr Gewicht leicht nach der Seite verlagern, wo Sie stärker verspannt sind,

beginnen Sie jetzt mit kleinen kreisenden, nach rechts und links gerichteten oder vor- und zurückschaukelnden Bewegungen den Bereich des oberen Rückens seitlich der Wirbelsäule zu erforschen. Wo Spannungen und Schmerzen zu spüren sind, verweilen Sie mit kreisenden oder schaukelnden Bewegungen. Dabei wird die Bewegung lediglich durch die Hände initiiert, die entsprechenden Druck auf die Füße ausüben. Die Bauchmuskeln bleiben weiterhin entspannt. Die Anspannung, die Sie dabei in Ihrem Rücken wahrnehmen, lassen Sie mit jedem Ausatmen los. Bringen Sie sich dann durch entsprechende Gewichtsverlagerung zurück auf Ihre Wirbelsäule. Nach kurzem Innehalten und Nachspüren verlagern Sie Ihr Gewicht auf die andere Seite und wiederholen die Übung dort. Nehmen Sie sich Zeit zum Nachspüren, wenn Sie schließlich wieder in der Mitte auf Ihrer Wirbelsäule liegen. *Hilfestellung:* Wenn Sie keine Gleichgewichtsprobleme haben, können Sie, statt die Fußsohlen zu halten, auch die Handrücken oberhalb der Fersen auflegen und die Bewegung damit initiieren. Der Schultergürtel ist so viel entspannter.

Je weiter man auf dem Rücken nach außen rollt, desto mehr empfiehlt es sich, jeweils auf dieser Seite den Arm am Boden abzulegen, so daß der zu bearbeitende Bereich weitestgehend entspannt ist. Der andere Arm kann die Arbeit ohne Probleme auch alleine machen.

◆ *Fortgeschrittenenübung: Der Pflug*
Bringen Sie Ihre Beine gestreckt hinter den Kopf, bis die Zehen möglichst den Boden berühren, und atmen Sie dann tief in den Beckenboden. In Ihrer Vorstellung fließt der Atem von dort weiter durch die gestreckten Beine bis in die Füße. Der Atem füllt Ihren ganzen Körper aus und dehnt ihn, so daß Ihre Füße noch weiter zum Boden kommen. Stellen Sie sich vor, daß gleichzeitig eine magische Kraft Ihre Fersen in Richtung Boden zieht. Dadurch kommt eine noch größere Dehnung zustande. Während

Sie mit Stimme ausatmen, stellen Sie sich vor, daß Ihr Brustbein immer mehr Richtung Boden sinkt und der Raum zwischen Kinn und Brust immer größer wird. Es handelt sich hier um ganz kleine, kaum sichtbare Bewegungen, die jedoch einen großen Effekt haben.

Bleiben Sie so lange in dieser Haltung, wie es gut für Sie ist. Atmen Sie dabei in der beschriebenen Weise weiter und unterstützen Sie beim Ausatmen das Loslassen mit der Stimme. Sie können die Übung abschließen wie auf Seite 68 beschrieben oder gleich zur nächsten Übung (Schulterstand) übergehen.

◆ *Fortgeschrittenenübung: Der Schulterstand*

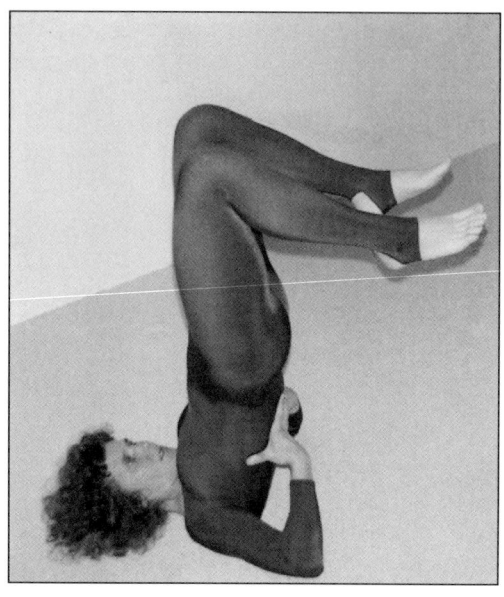

Aus dem Pflug ziehen Sie die Knie zu den Schultern und die Unterschenkel so eng wie möglich auf die Oberschenkel. Die nun folgende Bewegung wird von den Knien angeführt, die Hände unterstützen dabei den Bereich des unteren Rückens, die Daumen sind nach vorn gerichtet, Ellbogen/Oberarme liegen eng am Körper an. Die Knie richten sich auf, bis sie direkt zur Decke weisen. Unterstützt wird die Bewegung vom Gewicht der Unterschenkel/Füße, die locker nach unten hängen. Überläßt man sie ganz der Schwerkraft, so sorgen sie automatisch dafür, daß sich das Becken ohne jeden Streß aufrichtet und Becken, Oberschenkel und Knie auf einer Linie sind, die Richtung Decke weist. Heben Sie erst jetzt auch Ihre Unterschenkel/Füße, bis sie eine senkrechte Verlängerung der Oberschenkel sind. Lassen Sie die Füße dabei völlig entspannt und atmen Sie regelmäßig. Bleiben Sie zunächst nur ein paar Sekunden in dieser Haltung. Allmählich können Sie die Dauer der Übung auf einige Minuten steigern. Um aus der Haltung wieder zum Boden zu kommen, kehren Sie die Bewegungsfolge einfach um: Lassen Sie die Unterschenkel mit ihrem ganzen Gewicht nach unten sinken und dann die Beine im Becken abknicken, so daß sie wieder rechts und links neben dem Kopf liegen. Rollen Sie dann langsam über den Rücken wieder nach unten wie auf Seite 64 beschrieben.

Achtung: Achten Sie beim Schulterstand darauf, daß Sie keine Anspannung im unteren Rückenbereich erzeugen. Dies geschieht häufig dann, wenn der Körper nicht wirklich senkrecht aufgebaut ist. Meist sind die Beine zu weit hinten, obwohl wir überzeugt sind, daß sie senkrecht nach oben zeigen. Der hier beschriebene Aufbau ist allerdings eine gute Hilfe, nicht in diese Anspannung zu kommen, wenn Sie sich genau daran halten. Achten Sie darauf, die Schultern nicht anzuziehen.

Hilfestellung: Je mehr das Kinn zur Brust gedrückt ist, desto freier wird der Nacken, desto mehr werden die Schultern zur Auflagefläche. Gleichzeitig stimulieren Sie durch den Druck auf den oberen Brustbeinbereich die Thymusdrüse, der Sitz des nicht nur körperlichen, sondern auch inneren Wachstums. Achten Sie darauf, daß Sie die Schultern nicht anziehen.

Rücken-Nacken-Kopf-Dehnung

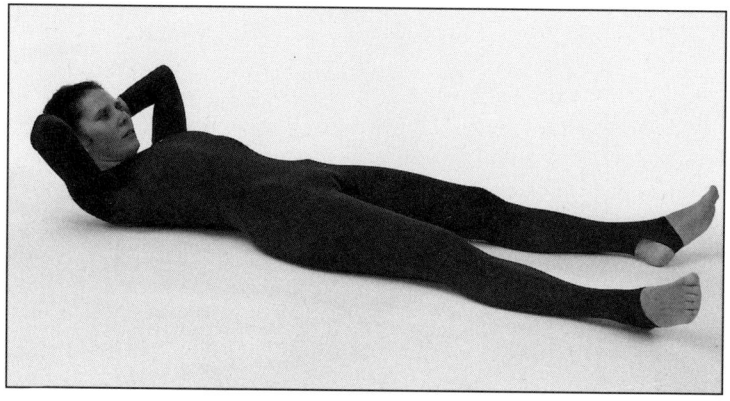

Sie liegen ausgestreckt auf dem Rücken. Führen Sie Ihre verschränkten Hände unter Ihren Hals und weiter nach oben, so daß sowohl ein Teil Ihres Nackens als auch ein Teil Ihres Hinterkopfes in der flachen Schale liegt, die von Ihren Händen gebildet wird.

Bauen Sie nun beim Einatmen den Atem wieder über das Becken und die Brust bis in die Schultern und den Hals auf. In dem Moment, in dem der Atem in Ihrer Vorstellung über den Hals in den Kopf fließt, heben Sie den Kopf mit den

72

Händen an, ohne dabei die Nackenmuskulatur zu benutzen. Bei jedem Ausatmen stellen Sie sich vor, daß Sie das ganze Gewicht Ihres Kopfes an die Hände abgeben und gleichzeitig ganz bewußt die Rückenmuskulatur loslassen. Mit jedem neuen Einatmen heben sich durch den Atem, der über Becken, Bauch und Brust weiter in Schultern, Hals und Kopf fließt, Kopf und Schultern wie von selbst ein kleines Stückchen mehr vom Boden, ohne daß es dazu der Muskelarbeit bedarf. Die Atemsäule, die Sie in sich aufbauen, gibt Ihnen diese Unterstützung. Durch die Ausdehnung der Lungen und damit des Brustkorbs beim Einatmen, wird die tendenzielle Aufrichtung des Oberkörpers initiiert. Beim Ausatmen bleiben Sie, gehalten von den Händen, in der erreichten Höhe, um beim nächsten Einatmen noch ein kleines Stückchen weiter emporgebracht zu werden.

Schließlich lassen Sie mit dem Ausatmen Ihren Kopf langsam zu Boden sinken, wobei Ihre Hände, die ihn weiterhin tragen, langsam über den Hinterkopf zur Kopfspitze rutschen und dabei gleichsam den Kopf ein wenig aus dem Körper ziehen. Wenn Sie schon fast am Boden angelangt sind, greifen Sie in Ihre Haare und ziehen sie über den Scheitel nach oben, so daß der Kopf bis zum Schluß in die Länge gestreckt wird. Spüren Sie nach und fühlen Sie Ihre ganze Länge.

Achtung: Es kann sein, daß Sie einen Knackslaut von der Wirbelsäule hören, während Sie üben. Dies ist kein Grund zur Beunruhigung – im Gegenteil: Es ist ein Zeichen dafür, daß Wirbel, die aufgrund von Verspannungen leicht ausgerenkt waren, jetzt ihre richtige Lage wiedergefunden haben.

◆ *Fortgeschrittenenübung: Aufrollen*

Sie liegen auf dem Rücken, die Arme parallel neben dem Körper mit den Handinnenflächen zum Boden. Die Arme können als Unterstützung eingesetzt werden, wenn Sie sich jetzt mit dem Ausatmen vom Scheitelpunkt aus aufrichten.

Achtung: Achten Sie darauf, daß keine Anspannung im Lendenbereich entsteht.

Hilfestellung: Die Bewegung kann dann ohne Anspannung im Lendenbereich gemacht werden, wenn sie wirklich von der Kopfspitze angeführt wird, und zwar gleichzeitig nach oben und nach vorn in Richtung Füße. Vielleicht hilft Ihnen die Vorstellung, daß an Ihrer Kopfspitze ein Faden befestigt ist, den jemand in Richtung Füße zieht.

Wenn Sie zum Sitzen kommen, stellen Sie sich vor, daß dieser Faden Sie in Richtung Decke zieht und Sie im Brustbeinbereich beziehungsweise in der ganzen Wirbelsäule aufrichtet.

◆ *Fortgeschrittenenübung: Dehnung in die Länge*
Version 1 Einfache Dehnung:

Mit dem Einatmen ziehen Sie Ihren Oberkörper aus dem Becken, mit dem Ausatmen lassen Sie ihn los, während gleichzeitig der gesamte Oberkörper vom Beckenrand aus nach vorn und in Richtung Beine sinkt. Die Arme liegen ausgestreckt mit den Handinnenflächen nach oben neben den Beinen am Boden, die Beine sind gestreckt. Mit jedem neuen Einatmen ziehen Sie Ihren Oberkörper wieder ein Stück aus dem Becken heraus in Richtung Füße und leicht nach oben, gleichsam in diagonaler Bewegungsrichtung. Dabei gleiten die Hände jedesmal ein bißchen weiter in Richtung Füße, um beim Ausatmen (mit Stimme) an der erreichten Stelle zu bleiben, während der Oberkörper auf die gestreckten Beine sinkt. Richten Sie schließlich Ihren Oberkörper langsam Wirbel für Wirbel wieder auf.

Achtung: Es ist nicht so entscheidend, wie weit sich Ihr Oberkörper Ihren Beinen nähern kann. Wichtig ist, daß die Beine gestreckt bleiben – das dehnt die oft verkürzte/verspannte Muskulatur auf der Rückseite der Beine bis hin zur Beckenbodenmuskulatur (wichtig für die Lust!). Das Loslassen des Oberkörpers dehnt die oft zusammengezogene Rückenmuskulatur – allerdings nur, wenn Ihr Oberkörper nicht in sich zusammensinkt, sondern die Dehnung langgestreckt vom Beckenrand bis zum Scheitelpunkt erfolgt.

Version 2 Mittelstarke Dehnung: Im Prinzip wie Version 1, jedoch mit breit gegrätschten Beinen, wobei die Hände und Arme in der Mitte der gegrätschten Beine am Boden nach vorn gleiten. Die Handinnenflächen zeigen nach oben...

Version 3 Große Dehnung: Wie Version 1, nur liegen die Hände jetzt nicht neben dem Körper, sondern auf den Zehen/Fußsohlen und ziehen diese zum Körper, so daß die Muskulatur auf der Rückseite der Beine noch stärker gedehnt wird. Wieder lassen Sie beim Ausatmen los und sinken jedesmal tiefer in Richtung Boden, ohne dabei die

Dehnung im Rücken aufzugeben. Die Beine bleiben
während der ganzen Übung gestreckt. Mit jedem Einatmen füllen Sie Ihren Körper mit Atem, der Ihren Oberkörper aus dem Becken heraus nach vorn zieht...

Version 4 Aktive große Dehnung: Wie Version 3, allerdings zieht jetzt abwechselnd erst die eine, dann die andere Ferse nach vorn, wobei das Bein praktisch gestreckt aus dem Becken herausgezogen wird. Die Hände bleiben dabei auf den Zehen/Fußsohlen liegen. Auf diese Weise können Sie sich durch den ganzen Raum bewegen.

◆ *Fortgeschrittenenübung: Seitendehnung*

Sie sitzen mit gegrätschten Beinen am Boden. Das linke Bein bleibt ausgestreckt, während das rechte so angewinkelt wird, daß die Fußsohle an der Innenseite des linken Oberschenkels liegt. Der Oberkörper befindet sich auf einer Linie mit der Hüfte. Drehen Sie nun den Oberkörper nach rechts, parallel zu Ihrem ausgestreckten Bein. Der linke Arm liegt locker an der Innenseite des ausgestreckten Beines, das Gewicht des Oberkörpers sinkt zusammen mit dem Kopf zum ausgestreckten Bein. Die rechte Schulter hängt locker nach vorn, der rechte Arm

liegt abgewinkelt auf dem Rücken. Richten Sie mit dem Ausatmen die rechte Schulter auf und führen Sie sie weiter nach hinten. Die Bewegung läuft weiter und bringt den rechten Ellbogen nach oben; der Unterarm hängt nach unten, bis die Energie zum kleinen Finger fließt und den Unterarm nach oben führt. Ist der ausgestreckte Arm oben angekommen, drehen Sie ihn, bis die geöffnete Handfläche nach vorn zeigt. Durch beide Sitzbeinhöcker fällt Ihr Körpergewicht in den Boden, während der rechte Arm nach oben zieht. Ihr Blick ist auf die ausgestreckte Hand gerichtet. Atmen Sie nun in die offene rechte Flanke und stellen Sie sich dabei vor, daß Sie den Atem zwischen Ihre Rippen schicken und dadurch mehr Raum zwischen den Rippen schaffen. Lassen Sie beim Ausatmen Ihrer Stimme freien Lauf. Hören Sie, was sie Ihnen zu sagen hat. Tun Sie das, solange es gut für Sie ist und Sie nicht das Gefühl haben, „aushalten zu müssen".

Rollen Sie schließlich die rechte Fußsohle auf den Boden und drücken Sie sie fest nach unten. Diese Bewegung richtet Ihren Oberkörper wieder auf, und wenn Sie das Bein ausstrecken, sind Sie wieder in der Ausgangsposition.

Lassen Sie sich kurz Zeit, um nachzuspüren, bevor Sie die Übung zur anderen Seite wiederholen...

Als Übergang zur nächsten Übung ziehen Sie das rechte Knie mit heran, indem Sie die linke Fußsohle gegen den Boden drücken, und lassen dann beide Knie zur rechten Seite sinken.

Achtung: Lassen Sie den Oberkörper nicht in sich zusammensacken, während er zur Seite sinkt. Die Brust bleibt offen und frei. Stellen Sie sich vor, daß Ihr hochgestreckter Arm durch eine an den Fingern befestigte Schnur in Richtung Decke gezogen wird, während der Oberkörper in Richtung des ausgestreckten Beins sinkt.

Das Schneckenhaus

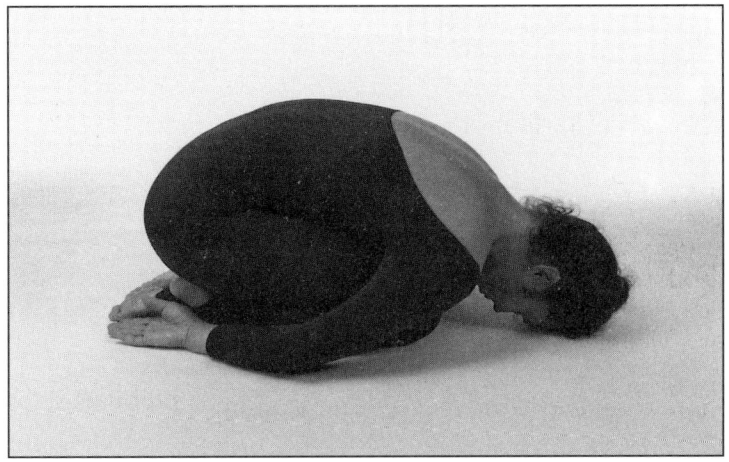

Ziehen Sie die Knie entspannt auseinandergefallen zum Oberkörper, ohne die Bauchmuskulatur einzusetzen, und lassen Sie sie dann nach einer Seite zu Boden sinken. (Wenn Sie die Fortgeschrittenenübung gemacht haben, sind Sie bereits in dieser Haltung.) Drehen Sie sich weiter, so daß Sie zum Knien am Boden kommen. Füße und Zehen sind nun ausgestreckt am Boden, das Becken sinkt auf die Fersen, der Kopf liegt mit der Stirn am Boden auf, und die Arme liegen entspannt neben dem Körper auf dem Boden. Atmen Sie tief in den Rücken bis ins Becken und lassen Sie mit dem Ausatmen Ihre Stimme kommen. So kommen Sie mehr und mehr, tiefer und tiefer in Ihr Zentrum – Sie ruhen in sich und fühlen sich geschützt und sicher, wie eine Schnecke in ihrem Haus.

Hilfestellung: Eventuell gelingt es Ihnen besser, in Kontakt mit Ihrem Innern zu kommen, wenn Sie die Arme vor die Brust ziehen, also quasi Ihre Antennen (Extremitäten) einziehen, und vielleicht auch die Hände unter das Gesicht legen. Möglicherweise helfen Ihnen auch kleine Schaukelbewegungen, tiefer und tiefer in sich anzukommen.

Nackendehnung

Rollen Sie das Becken so weit wie möglich nach oben, ohne sonst eine Veränderung vorzunehmen. Dadurch rollt der Kopf automatisch von der Stirn auf den Vorderkopf bis zum Scheitel und (ganz vorsichtig!) noch ein kleines Stück weiter. So wird der Nacken bis weit in die langen Rückenmuskeln neben der Wirbelsäule gedehnt, während das Kinn gegen die Brust drückt und die Thymusdrüse aktiviert.

Massieren Sie Ihren Nacken, den Schädelansatz und die Kuhle in der Mitte direkt unterhalb des Schädelansatzes (ein sehr wichtiger Punkt, *alta major* genannt). Streichen Sie zum Schluß mit festen Bewegungen von direkt unterhalb des Schädelansatzes über ihn hinweg und weiter über den Hinterkopf. Statt dieser Nackenmassage können Sie auch einfach nur Ihre Hände auf Nacken und Hinterkopf legen. Probieren sie aus, was für Sie am besten ist.

8. DER KÖRPER ÖFFNET SICH ALL SEINEN BEWEGUNGSIMPULSEN

Freie Bewegung (mit Bodenkontakt auf Knien und Händen)

Sie bewegen sich auf allen vieren, das heißt Knie und Handflächen haben Bodenkontakt. Legen Sie die Handflächen
schulterbreit neben den Kopf und drücken Sie sie fest in den
Boden. Die Arme sind durchgestreckt, Kopf und Schultern
entfernen sich also vom Boden, wobei der Kopf locker nach
unten hängt. Unterstützen Sie das Loslassen des Kopfes,
indem Sie ihn hin- und herbaumeln lassen und nachspüren,
ob Sie noch irgendwo festhalten.

Nehmen Sie genau wahr, wie sich Ihr Körper im Kontakt
mit dem Boden auf allen vieren bewegen will. Vielleicht entstehen Wellenbewegungen, ein Katzenbuckel und so weiter.

Geben Sie dabei immer wieder ganz bewußt durch
entsprechende Gewichtsverlagerung Gewicht an die
Hände/Arme ab. Stellen Sie sich vor, wie Sie das Gewicht
abgeben können: Das Gewicht geht durch die Hände/Arme
in die Erde, und sie ist es, die das Gewicht aufnimmt.

Rückenstreckung

Lassen Sie die schulterbreit vor Ihnen am Boden liegenden Hände so weit wie möglich nach vorn gleiten. Die Arme sind dabei gestreckt, das Becken bewegt sich von den Fersen weg mit nach vorn und damit auch nach oben. Der Kopf ruht auf der Stirn – vielleicht geht es noch ein Stück weiter, versuchen Sie es …

Atmen Sie tief bis in den Beckenboden und weiter in den Oberkörper bis tief in die Arme, so daß bei jedem Einatmen die Streckung des Armes aus dem Körper in den Raum verstärkt wird. Stellen Sie sich bei jedem Ausatmen vor, daß der Atem aus Ihrem After und Ihrem Geschlecht ausströmt und das Becken dadurch nach hinten gedehnt und gezogen und der ganze Rücken in die Länge gestreckt wird.

Achtung: Kopf und Kreuzbein sind jetzt die beiden Pole einer schiefen Ebene.

Pfeilschießen

Nun stemmen Sie die Zehen in den Boden, atmen tief ein und drücken sich mit dem Ausatmen und einem kräftigen „Hou" mit den Zehen vom Boden weg, so daß Sie wie ein Pfeil nach vorn schießen. Die Hände bewegen sich nicht von der Stelle, während Sie mit ausgestreckten Armen im Liegestütz darüber landen.

Achtung: Ihr ganzer Körper bildet von den Zehen bis zum Scheitel eine schräge Linie, gleich einem Pfeil. Das Becken hängt nicht durch, die Arme sind gestreckt.

◆ *Fortgeschrittenenübung: Kobra*
Lassen Sie Ihr Becken zusammen mit den gestreckten Beinen langsam zu Boden sinken. Richten Sie Ihr Brustbein auf und öffnen Sie sich, indem Sie Ihren Oberkörper durch kräftigen Druck der Hände gegen den Boden noch mehr in Richtung Decke bringen. Der Blick richtet sich dabei nach oben mit dem Gefühl, noch offener in der Brust zu werden. Atmen Sie normal weiter.
Schließlich schiebt sich der Rücken/Oberkörper bedingt durch den Druck der Hände in den Boden nach oben und hinten. Das Becken folgt dieser Bewegung entsprechend,

bis es bequem auf den Fersen ruhen kann.
Achtung: Drücken Sie das Becken nicht mit Gewalt nach
unten, sondern achten Sie auf eventuelle Widerstände.

Ausruhen

Ihr Oberkörper liegt jetzt auf den Oberschenkeln, die Stirn ruht auf dem Boden, Arme/Hände liegen entspannt neben dem Kopf. Atmen Sie tief ein und lassen Sie beim Ausatmen die Stimme mitkommen. Sie müssen jetzt gar nichts tun, nur ausruhen und dies, wenn möglich, genießen.

◆ *Fortgeschrittenenübung: Becken- und Brustdehnung*
Ziehen Sie zum Aufrichten das Kinn zur Brust, machen Sie den Rücken ganz rund und lassen Sie das Gewicht Ihres Beckens immer mehr auf die Fersen/Fußsohlen sinken. Rollen Sie sich dann Wirbel für Wirbel in die Senkrechte. Der Kopf folgt erst ganz zum Schluß.

Version 1: Sie sitzen mit dem Becken auf den Fersen am Boden, die Knie sind ca. 15 Zentimeter auseinander. Stemmen Sie nun die Fäuste rechts und links in die Mitte der Fußsohlen und drücken Sie sich mit dem Ausatmen hoch. Das Becken bewegt sich dadurch nach vorn und öffnet sich, der Körper bildet von den Knien bis zum

Scheitel einen Bogen. Atmen Sie tief bis ins Becken und in den Oberkörper ein. Dadurch dehnen und öffnen sich Becken und Oberkörper mit jedem Atemzug nach vorn und oben. Der Kopf sinkt dabei über den langen Nacken nach hinten...

Um wieder in die Ausgangsposition zurückzukommen, lassen Sie zunächst das Becken wieder zum Boden sinken, richten dann den Oberkörper langsam auf und ganz zum Schluß den Kopf. Spüren Sie nach.

Achtung: Achten Sie darauf, daß Sie bei der Übung nicht den Po zusammenkneifen oder den Beckenbereich anspannen. Wenn Sie den Kopf nach hinten sinken lassen, sollte er nicht einfach abknicken, sondern aus dem langen Nacken heraus nach hinten bewegt werden, wobei der Scheitelpunkt die Bewegung anführt. Gehen Sie nicht über Widerstände hinweg.

Version 2 (vereinfacht):

Statt die Fäuste in die Fußsohlen zu stemmen, können Sie die Hände auch hüftbreit hinter den Füßen auf den Boden legen. Dann weiter wie Version 1.

Version 3 (sehr starke Dehnung): Eine größere Dehnung entsteht, wenn Sie, statt die Fäuste in die Fußsohlen zu stemmen, die Hände auf die Fersen stützen. Die drei Versionen können auch fließend ineinander übergehen. Sie beginnen mit den Händen am Boden, wechseln nach ein, zwei Atemzügen mit den Fäusten in die Fußsohlen und stützen schließlich die Hände auf die Fersen.

Freie Bewegung (mit Bodenkontakt auf Füßen und Händen)

Jetzt kommen Sie in freier Bewegung auf die Füße, wobei auch die Hände in Kontakt mit dem Boden bleiben und Sie Ihr Gewicht abwechselnd durch Hände, Knie und Füße an den Boden abgeben. Vielleicht sind Sie einmal nur auf drei oder gar nur auf zwei „Beinen" und finden dabei ganz neue Bewegungen. „Machen" Sie nichts, sondern lassen Sie die Bewegung aus sich heraus entwickeln, ohne zu wissen, was als nächstes kommt. Vergessen Sie dabei nicht, zu atmen (möglichst mit Stimme) und Kopf und Nacken locker hängen zu lassen.

Aufrollen und öffnen

Stellen Sie ein Bein auf (möglichst zwischen die Hände) und drücken Sie sich von diesen drei Punkten aus nach oben.

Ziehen Sie dabei das andere Bein neben das schon aufgestellte. Der Kopf hängt weiterhin ganz locker nach unten. Rollen Sie sich nun langsam, Wirbel für Wirbel nach oben, bis Sie schließlich aufrecht stehen. Erst ganz zum Schluß wird auch der Kopf aufgerichtet. Achten Sie darauf, daß sich auch das Brustbein durch entsprechendes Hinatmen aufrichtet.

Führen Sie die zur Seite ausgestreckten Arme nach oben bis in Schulterhöhe, die Handinnenflächen zeigen dabei zur Decke. Atmen Sie in dieser Position tief ein und aus und stellen Sie sich dabei vor, daß Sie ganz offen und durchlässig sind für die Energie und alles um sich herum.

Achtung: Bringen Sie die ausgestreckten Arme nicht höher als bis in Schulterhöhe, da die Energie sonst vom Körper in den Kopf fließt, was ein Druckgefühl verursachen kann.

Fortgeschrittenenversion: Kommen Sie aus der freien Bewegung in den Liegestütz und bewegen Sie aus dieser Haltung heraus Ihre Füße in ganz kleinen Schritten auf die aufgestützten Hände zu. Rollen Sie den Fuß bei jedem Aufsetzen so weit wie möglich vom Ballen in Richtung Ferse. Die Ferse zieht zum Boden und dehnt dabei die Muskulatur auf der Rückseite der Beine. Lassen Sie Anspannung und Schmerz bei jedem Ausatmen mit der Stimme los. Das weitere Aufrichten erfolgt wie oben beschrieben.

 Den inneren Bewegungsimpulsen folgen

Bringen Sie Ihre Handflächen zusammen, ohne daß sie sich berühren, und spielen Sie mit dem Abstand dazwischen. Spüren Sie, daß da etwas ist? Das braucht Sie nicht zu beunruhigen. Es ist die Energie, die immer und überall vorhanden ist und auch durch Sie hindurchfließt.

Wenn nun Bewegungsimpulse aus Ihrem Körper kommen, dann folgen Sie ihnen. Sie können sehr langsam sein, aber auch sehr schnell, groß oder klein, rund oder eckig, zielgerichtet oder ziellos. Vielleicht möchten Sie sich durch den Raum bewegen oder zum Boden zurückkehren... Folgen Sie dem Tanz Ihres Körpers. Geben Sie gleichzeitig Ihrer Stimme Raum, sich zu entwickeln und Ihre Bewegungen zu unterstützen.

Achtung: Zwingen Sie sich zu keiner Bewegung und zu keinem Stimmausdruck. Lassen Sie alles aus sich selbst heraus – aus Ihrem Innern heraus – entwickeln. Pressen Sie die Stimme nicht, sondern öffnen Sie sich ihr, gleich einer Quelle, die ohne Anstrengung aus dem Boden fließt.

Lassen Sie sich anschließend viel Zeit zum Nachspüren. Wie nehmen Sie sich und Ihren Körper jetzt wahr? Welche Gefühle haben Sie im Moment? Was haben Sie über sich erfahren?

9. Morgendliches Kurzprogramm zum Aufwachen

Auch wenn Sie am Morgen nicht viel Zeit haben oder glauben, überhaupt keine Zeit zu haben, ist es für Sie, für Ihren Körper, für Ihre Arbeit, Ihre Pflichten und Freuden und für all das, was der neue Tag bringen mag, hilfreich, wenn Sie sich zumindest zwei Minuten Zeit nehmen, um mit sich und Ihrem Körper in Kontakt zu kommen.

Ein paar Minuten Zeit

Wenn Sie nur ein paar Minuten Zeit haben, dann wählen Sie sich eine der folgenden Übungen aus. Sie bringen Sie mit Ihrem ganzen Körper in Kontakt:
Die Welle (Seite 52)
Wirbelsäulendehnung (Die Spirale) (Seite 55)
Im Stehen und mit entsprechendem Stimmeinsatz: Gähnen, Grimassen schneiden, Strecken der Arme und Beine und des ganzen Körpers nach oben, zur Seite und in alle Richtungen
Den ganzen Körper begrüßen (Seite 101)
Morgentanz (Seite 102)

Fünfzehn Minuten Zeit

Kurzform des Übungsablaufes:
Rückenatmung mit Gesichtsmassage (Seite 31)
Sich der Erde anvertrauen (Seite 35)
Tiefenatmung (je 2x) (Seite 37)
Kopf- und Nackenbereich entspannen (nur mit Vibration) (Seite 40)
Dehnung des Schultergürtels (Seite 41)

Den ganzen Körper begrüßen

Begrüßen Sie Ihren ganzen Körper wie einen alten Freund oder eine alte Freundin, den oder die Sie schon lange nicht mehr gesehen haben. Berühren Sie Ihren Körper überall, streicheln Sie ihn, fassen Sie ihn an und nehmen Sie wahr, wie Sie mit den verschiedenen Körperteilen in Kontakt kommen, was Sie ihnen geben, was ihnen sagen wollen – und sagen Sie es dann am besten auch wirklich laut, was Ihnen an ihnen am besten gefällt, was Ihnen Schwierigkeiten mit ihnen macht und so weiter. Vergessen Sie auch Ihren Rücken nicht, den Po, die Geschlechtsorgane. Sie sind all das, und nur im Kontakt mit allem, was Sie sind, sind Sie ganz, wirklich Sie selbst.

Sie können am Scheitel anfangen und dann allmählich systematisch nach unten und hinten wandern, bis Sie bei Ihren Fußsohlen angelangt sind.

Variationen: Wenn Sie sich all Ihrer Körperteile bewußt geworden sind und keinen mehr unbewußt einfach weglassen, dann können Sie alle Ihre Körperteile einzeln in der Reihenfolge begrüßen, die Ihnen spontan in den Sinn kommt.

Sie können das natürlich auch von Anfang an so machen und sich jeweils am Ende der Übung Zeit nehmen, um noch einmal systematisch in Gedanken alles durchzugehen und sich zu fragen, ob Sie etwas vergessen haben.

Es kann auch spannend sein, sich bewußt zu machen, was Sie zuerst und was zuletzt begrüßt haben, und zu erforschen, was das über diese Körperteile und Ihre Verbindung zu ihnen aussagt, darüber, wie Sie mit ihnen umgehen, und so weiter.

Für diejenigen unter Ihnen, die in ihrem Leben immer alles systematisch machen, mag es hilfreich sein, mit der spontanen Auswahl, der Unordnung, dem Chaos zu beginnen. Und umgekehrt mag es für die, die das Chaos in ihrem Leben besser kennen, eine hilfreiche Erfahrung sein, diese Übung systematisch zu machen.

Morgentanz oder Tanz der Membrane

Ballast abwerfen
Werfen Sie im Stehen Ihre Arme und Beine in alle Richtungen von sich. Stellen Sie sich dabei vor, daß Sie die letzten Reste Ihrer Müdigkeit abschütteln. Lassen Sie Ihre Stimme dazukommen.

Vielleicht fallen Ihnen spontan noch andere Dinge ein, die Sie wegwerfen möchten, etwa Ballast, der Sie hindern könnte, das zu tun, was Sie an dem Tag machen möchten. Das können Ängste sein, Zwänge, Erwartungen, denen man gerecht werden will, Befürchtungen und so weiter. Setzen Sie auch hier Ihre Stimme ein und nehmen Sie anschließend wieder ganz bewußt Ihren Körper wahr.

(Das ist übrigens auch eine gute Übung vor dem Schlafengehen. Man befreit sich vom Ballast des Tages, um sich der Süße des Schlafes besser hingeben zu können.)

Energie und Kraft aufnehmen   Apfelbaum
Strecken Sie einen Arm nach oben. Stellen Sie sich vor, daß dort oben zum Beispiel ein Apfel am Baum hängt, den Sie so noch nicht erreichen. Öffnen und strecken Sie die Hand immer mehr in seine Richtung, der Arm zieht sich noch mehr aus der Schulter heraus nach oben, wird mit jedem Einatmen länger und länger. Schließlich gehen Sie auf die Zehenspitzen, können in noch größerer Höhe einen Apfel greifen – und jedesmal, wenn Sie einen gepflückt

haben, führen Sie ihn Ihrem Körper zu. Sie können Ihre Hand zum Mund führen, zur Brust, zum Bauch, zum Becken oder zu ganz anderen Körperteilen. Vielleicht ist es auf einmal kein Apfel mehr, sondern etwas anderes zum Essen oder gar etwas völlig anderes – etwas, was Sie gerade brauchen oder nach was es Sie verlangt, zum Beispiel Kraft, Liebe, Mut, Sanftheit, Erotik, Wildheit, Schwäche und so weiter.

Sie können das auch mit dem anderen Arm und dann mit beiden Armen gleichzeitig machen, und Ihre Stimme begleitet Sie dabei, drückt spontan aus, was Sie sich gerade holen. Und Sie holen es sich aus allen Richtungen: vom Boden, von der Seite, Sie drehen den Oberkörper nach hinten und holen von dort etwas. Es wird ein richtiger Tanz, der schließlich in die Beine weitergeht, die auch anfangen, sich von überall etwas zu angeln.

Bleiben Sie schließlich einen Moment stehen und spüren Sie in Ihren Körper. Spüren Sie die Fülle dessen, was Sie aufgenommen haben. Wie und wo spüren Sie etwas?

Den inneren Reichtum teilen
Jetzt kehren Sie die Bewegung um. Sie haben Ihrer Umwelt etwas zu geben. Überall in Ihrem Körper finden Sie den Reichtum, von dem Sie etwas weiterschenken wollen. Führen Sie Ihre Hände zum Körper, an immer wieder neue Stellen, und geben Sie in verschiedene Richtungen etwas ab. Dabei bewegen sich die Arme vom Körper weg nach oben, nach unten, zur Seite, nach hinten, nach vorn. Vielleicht bekommen Sie auch ein Gefühl dafür, was es ist, das Sie zu geben haben, wem Sie es geben wollen und wie es sich anfühlt zu geben.

Es kann sein, daß Sie auch Wut und Aggression in Ihrem Körper finden. Bringen Sie auch diese entsprechend nach außen. Das Geben ist in diesem Fall vielleicht ein Zurückgeben oder ein Sich-Luft-Machen im Sinne von Wegwerfen, Loswerden. Spüren Sie hin, was es in Ihrem Fall ist.

Grenzen ziehen

Jetzt geht ein Arm nach außen, als wolle er etwas oder jemanden aufhalten. Die Hand ist dabei stark nach oben abgewinkelt – gleichsam wie ein Stoppschild. Vielleicht ist da jemand, der mehr von Ihnen will, als Sie zu geben bereit sind, und Sie setzen ihm eine klare Grenze. Probieren Sie auch aus, wie weit nach außen Ihr Arm reichen kann, wie stark Sie Ihren Grenzradius erweitern können, wie Sie noch mehr Kraft und Eindeutigkeit in Ihre Bewegung legen können. Machen Sie das auch mit dem anderen Arm und mit beiden Armen gleichzeitig – wieder in alle Richtungen. Dann strecken Sie abwechselnd noch zusätzlich ein Bein nach außen, wobei der Fuß so abgewinkelt ist wie die Hand. Sie können die Grenzen auch im Kontakt mit dem Boden ziehen, während gleichzeitig beide Arme ihre Grenze nach oben ziehen. So können Sie spüren, wieviel Raum Sie einnehmen – von den Füßen bis zu den Händen und noch darüber hinaus, so als hätten Ihre Körperteile eine unsichtbare Verlängerung. Vielleicht bekommen Sie auch ein Gefühl dafür, daß Sie auf diese Weise mit den Händen und mit Ihrem ganzen Körper eine Schutzzone errichten, die Sie wie ein großes Ei umgibt, in dem Sie sicher sind.

Wenn Sie möchten, können Sie alle vier Bewegungsqualitäten (Ballast abwerfen, Energie und Kraft aufnehmen, Den inneren Reichtum teilen, Grenzen ziehen) abwechselnd ineinanderfließend machen und sie in einen gemeinsamen Tanz bringen. Und während Sie zunächst noch ganz bewußt unterschiedliche Bewegungen machen, verliert sich allmählich die Bewußtheit für die Verschiedenheit der Bewegungen. Die Bewegungen kommen jetzt einfach aus Ihrem Innern, und es können die gleichen sein, es kann aber auch sein, daß sie sich verändern, daß Ihr Körper etwas Neues findet. Überlassen Sie alles Ihrem Körper. Er weiß, was er braucht und wie er es bekommen kann, wenn man ihn nur läßt.

Wenn Sie wieder zur Ruhe gekommen sind, spüren Sie in sich hinein: Was nehmen Sie jetzt in Ihrem Körper wahr? Mit welcher Einstellung gehen Sie in den neuen Tag?

... NICHT NUR FÜR DEN KÖRPER

1. Beweglichkeit, Harmonie und Ausgeglichenheit

Bei dem Übungsprogramm, das Sie gerade kennengelernt haben, handelt es sich nicht einfach nur um irgendwelche gymnastischen Übungen. Es kann Ihnen auf sehr vielfältige Weise helfen, mit Problemen besser umzugehen, seien sie nun emotionaler, psychischer oder materiell-körperlicher Natur. Das allmähliche Loslassen der angespannten Muskulatur hat automatisch eine wachsende Beweglichkeit zur Folge, und zwar nicht nur im rein sportlich-körperlichen, sondern auch im übertragenen Sinne. Ein Mensch mit einem agilen Körper kann leichter mit seiner Umwelt in Kontakt treten, spontaner, ohne von großen körperlichen Blockaden behindert zu werden. Da das Loslassen der Spannungen, gerade auch in der tiefen Muskulatur, den Menschen auch stärker in Kontakt mit seinem Innenleben bringt, bewirkt es, daß der Mensch in Abstimmung mit seinem inneren Kern handelt, daß sein Handeln in Harmonie ist. Nichts anderes steckt hinter dem Begriff „Ausgeglichenheit". Es geht darum, ein Gleichgewicht herzustellen, einen Ausgleich zu schaffen, und zwar auf den verschiedensten Ebenen: zwischen Innen- und Außenwelt, zwischen dem Individuum und der Gesellschaft, zwischen schwerer und leichter, körperlicher und geistiger Arbeit, zwischen Wunsch und Realität, zwischen Gefühlen und Vernunft und so weiter – einen Ausgleich also zwischen den gegensätzlichen Polen im Leben.

Auf den ersten Blick scheint sich das Leben in der Polarität zu bewegen: Leben oder Tod, Tag oder Nacht, Mensch oder Tier, gut oder böse, schwarz oder weiß... Oft wird man von anderen veranlaßt, sich nach dem Motto „Entweder... Oder" zu verhalten, oder man stellt sich selbst unter den Zwang, sich für die eine oder die andere Seite der Polarität zu entscheiden. Manche von uns haben diese Entscheidung bereits als Kind unbewußt getroffen, um in einer schwierigen Lebenssituation zu überleben. Die einen sind grundsätzlich freundlich, andere grundsätzlich unfreundlich, manche sind aufopfernd, andere aus Prinzip egozentrisch und so weiter. Im Laufe der Zeit jedoch werden diese Menschen immer unzufriedener, sie fühlen sich gefangen und haben das Gefühl, nicht „aus ihrer Haut zu können". Doch bevor es ihnen gelingt, ihr Verhalten allmählich zu verändern, müssen sie die andere Seite der Polarität erfahren und leben lernen. Wer beispielsweise immer freundlich war, wird sich in Unfreundlichkeit üben müssen und so weiter. Erst wenn man beide Pole kennt, kann man die vielen unbekannten Räume zwischen den Polen betreten und sie erforschen.

Wenn Sie sich auf diese Weise die beiden Pole und die vielen Räume dazwischen zurückerobert haben, werden bestimmte Redewendungen ganz automatisch aus Ihrem Wortschatz verschwinden. Das „Entweder... Oder" werden Sie bald nicht mehr brauchen, denn Sie werden in der Lage sein, ein sehr viel größeres Spektrum an Entscheidungsmöglichkeiten zu erkennen. Das Leben ist nicht mehr nur schwarz oder weiß. Wenn es Ihnen dann noch gelingt, das kleine Wörtchen „aber" zu streichen, werden Sie feststellen, daß es gar nicht unbedingt darum geht, grundsätzliche Entscheidungen zu treffen, sondern darum, das Leben in jedem Moment so anzunehmen, wie es sich zeigt, und scheinbar Widersprüchliches nebeneinander bestehen zu lassen – in sich selbst und in anderen.

Beispiel: „Ich liebe ihn, aber er ist so unzuverlässig." Mit diesem Wörtchen „aber" wird automatisch der erste Teil des Satzes in Frage gestellt, abgewertet. Man bewegt sich unbewußt zwischen den Polen des „Entweder... Oder". Entweder ich liebe ihn, dann muß er aber auch zuverlässig sein, oder er ist unzuverlässig, dann kann ich ihn auch nicht lieben. Sagt man statt „aber" einfach „und", dann eröffnet sich plötzlich ein ganz neues Spektrum der Lebens- und Handlungsmöglichkeiten. „Ich liebe ihn, und er ist unzuverlässig." Dieser Satz hat eine ganz andere Energie und löst völlig andere Gefühle aus. Sie können dies mit verschiedenen Sätzen ausprobieren, die in Ihrem Leben eine Rolle spielen. Der unterschwellig mit dem Wort „aber" verbundene Druck, eine Entscheidung dafür oder dagegen treffen zu müssen, verschwindet, wenn man statt „aber" „und" einsetzt. Der Druck weicht tendenziell einem Gefühl der Gelassenheit, dem Gefühl, den anderen „lassen" zu können, wie er ist... Dann muß man keine Energie mehr aufwenden, um den anderen irgendwo hinzubringen, wo er vielleicht gar nicht hinwill. Vielmehr kann man bei sich bleiben und sein Augenmerk auf den konkreten Störfaktor richten, um zu erkennen, was es damit auf sich hat. Vielleicht handelt es sich bei dem Wesenszug, den man am anderen kritisiert, um einen, den man an sich selbst nicht sehen will. Vielleicht geht es auch darum, sich abzugrenzen und neue Rahmenbedingungen zu schaffen, eventuell auch Konsequenzen folgen zu lassen. Zum Beispiel: „Ich liebe dich, und unter den gegebenen Bedingungen möchte ich dich erst einmal nicht mehr treffen." So oder anders könnte eine mögliche Konsequenz aussehen, ohne dabei ins „Entweder... Oder" zu verfallen. Aus dem Gefühl der Gelassenheit heraus, wissend, daß dies die momentane Wahrheit ist, keine für immer und ewig geltende Grundsatzentscheidung. Die vorhandene Liebe muß nicht abgetötet werden. Sie würden sich selbst nichts Gutes damit tun, denn es ist letztendlich immer auch ein Teil von Ihnen selbst, den Sie abtöten würden. Und wenn es nur scheinbar Liebe ist und sich unter diesem Deckmantel etwas anderes verbirgt, so wird dies im Einlassen auf die jeweils momentane Wahrheit auch ans Licht kommen. Indem Sie sich Spielraum verschaffen und Verantwortung für Ihr Leben übernehmen, sorgen Sie gut für sich und Ihre Bedürfnisse und damit letztendlich auch für Ihre Mitmenschen.

Wenn Sie es wagen, sich im Raum zwischen den Polaritäten zu bewegen, werden Sie den Reichtum und die Fülle des Lebens erfahren. Sie vertrauen sich dem Tanz des Lebens an. Der Tanz zwischen den Polaritäten sorgt dafür, daß nichts bleibt, wie es ist. Was in einem Moment stimmt, kann im nächsten schon eine andere Reaktion erforderlich machen. Je offener, beweglicher und durchlässiger Ihr Körper ist, desto besser können Sie sich dem Tanz zwischen den Polaritäten – dem Leben – hingeben und immer wieder neue Erfahrungen machen. Tanz bedeutet Bewegung – nicht zu verwechseln mit Hektik oder Unruhe. Bewegung ist immer in unserem Körper, solange wir am Leben sind. Diese Bewegung kann jedoch eingeschränkt sein, etwa weil die Atmung reduziert ist, weil der Atem immer wieder unbewußt angehalten wird, weil Spannungen im Körper sind. Das kann zur Folge haben, daß bestimmte Körperteile relativ oder sogar ganz unbeweglich werden, daß der Atem nicht mehr überall hinfließen kann, daß die Versorgung der Organe und der Körperzellen mit Nährstoffen und dem für die Zellatmung notwendigen Sauerstoff nicht mehr gewährleistet ist, daß die Selbstheilungskräfte des Körpers nicht mehr uneingeschränkt zur Verfügung stehen. Der fließende Tanz zwischen den Polaritäten wird dann, je nach Grad der Unbeweglichkeit, zum Auf-der-Stelle-Treten. Die Reaktionen auf die unterschiedlichsten Lebenssituationen sind dann mehr oder weniger immer die gleichen. Wo die Bewegung, der Tanz des Lebens, erstarrt ist, hält man an der einmal eingenommenen Lebenshaltung fest, was sich auf der körperlichen Ebene in einem starren, undurchlässigen Körper manifestiert. Diese Starre sorgt auch dafür, daß das Leben immer wieder in den gleichen Bahnen verläuft. Wolf Büntig (ZIST) hat es mit einem Satz auf den Punkt gebracht: „Nichts im Leben ist gleich, außer man macht es dazu."

Während ich, gerade in der Natur sitzend, an dem Manuskript für dieses Buch schrieb, kam mir plötzlich der Gedanke von der „Membranfähigkeit des Körpers". Ich fragte mich, was das wohl zu bedeuten hatte, und erinnerte mich schwach an den Biologieunterricht in der Schule, wo die Membrane im Zusammenhang mit den kohlendioxydaufnehmenden und mit Hilfe des Lichts sauerstoffbildenden und sauerstoffabgebenden Blättern behandelt worden waren.

Plötzlich war ich mir sicher, daß all das, womit ich mich in diesem Buch auseinandersetze, auch mit den Körpermembranen zu tun hat – das heißt, daß der Körper bis auf die Zellebene ein Spiegelbild des jeweiligen Lebens ist und daß dementsprechend der Lebenstanz zwischen den Polaritäten um so freier, beweglicher und bunter wird, je besser die unterschiedlichen Membrane ihren Aufgaben gemäß im Körper funktionieren und natürlich auch umgekehrt.

Während ich daraufhin in Biologiebüchern über Membrane und ihre Funktionen zu forschen begann und auch spannende Sachverhalte fand, die jedoch den Rahmen dieses Buches sprengen würden, ging mir plötzlich ein Licht auf, und ich erkannte neue Zusammenhänge:

Die vier Bewegungsqualitäten im Morgentanz (Tanz der Membrane, Seite 102) sind nichts anderes als Ausdruck der verschiedenen Membranfunktionen:

Ballast abwerfen bezieht sich auf den Abtransport von Giftstoffen aus den Zellen. *Energie und Kraft aufnehmen* korrespondiert mit der Aufnahme der jeweils benötigten Stoffe in die Zelle. *Den inneren Reichtum teilen* vollzieht die Weitergabe der Stoffe nach, die im Überfluß vorhanden sind beziehungsweise woanders dringend benötigt werden. *Grenzen ziehen* entspricht der Fähigkeit der Zellmembran, nur ganz bestimmte Stoffe in die Zelle zu lassen und gegenüber anderen eine klare, uneinnehmbare Grenze zu ziehen.

Wenn dann am Ende die verschiedenen Qualitäten spontan abwechselnd und gleichzeitig getanzt werden, ist dieser Tanz ein kleiner Spiegel der Membranarbeit, die in unserem Körper dauernd und überall gleichzeitig in verschiedenen Variationen stattfindet. – Es ist der *Tanz der Membrane.*

Ich bin fest davon überzeugt, daß das Tanzen dieser Qualitäten sich auf die jeweilige Funktionsfähigkeit der Körpermembrane auswirkt (und dementsprechend natürlich auch das Loslassen von Anspannung mit Hilfe des Bewegungsablaufes), so daß diese ihre Aufgaben erfüllen können und das Zusammenspiel des ganzen Körpers besser funktionieren kann. Auch unsere (zwischen-)menschlichen Fähigkeiten, unser tägliches Leben wird davon beeinflußt werden, zum Beispiel die Art und Weise, wie wir für uns sorgen, wie wir lernen, uns vor ungesunden Einflüssen zu schützen, wie wir in der Lage sind, unsere Gefühle zu spüren und sie auszudrücken.

2. ZUFRIEDENHEIT UND VERÄNDERUNG

Manche Menschen sind ständig latent unzufrieden mit ihrem Leben, ohne sagen zu können, was ihnen fehlt. Es kann sich dabei durchaus um Menschen handeln, die – gemessen an unseren gesellschaftlichen Werten – alles haben, was – zumindest scheinbar – für ein erfülltes Leben erforderlich ist: einen netten Lebenspartner oder eine nette Lebenspartnerin, gesunde und liebe Kinder, einen Beruf, ein Haus und so weiter. Wieder andere wissen genau, was ihnen zu einem erfüllten Leben fehlt, aber sie sehen keine Möglichkeit, dieses Fehlende zu bekommen.

Die ständig latent Unzufriedenen haben mit großer Wahrscheinlichkeit den Kontakt zum eigenen Innern verloren. Alte Wünsche und Phantasien vom Leben, die häufig noch aus der Kindheit stammen, haben sie oft jahrzehntelang unterdrückt, meist ohne sich dessen bewußt zu sein. Mit Hilfe der Öffnung nach innen gilt es, diese Wünsche und Phantasien wiederzufinden, sie unter Umständen neu zu formulieren und Wege zur Erfüllung zu suchen und zu gehen. Diejenigen, die keine Möglichkeit sehen, an das in ihrem Leben Fehlende heranzukommen, werden sich mehr nach außen öffnen müssen, um ein „offenes Auge" zu bekommen für die Chancen, die das Leben bereithält, und um diese Gelegenheiten auch wahrnehmen zu können.

Wenn der Körper permanent unter zu großer Anspannung steht, kann er Impulse von außen unter Umständen nicht mehr wahrnehmen, geschweige denn ihnen folgen. Meist sind es alte Lebensprogramme und/oder Ängste, die mit der körperlichen Anspannung festgehalten werden. Mit festgefahrenen Ansichten wie: „Das Leben ist nun mal schwer", „Ich kann nichts ändern", „Ich bin schwach" und so weiter verharrt der Mensch in der ihm vertrauten Lebenshaltung.

Der Übungsablauf kann sowohl den Kontakt nach innen als auch die Handlungsfähigkeit nach außen unterstützen und verstärken. Während man am Loslassen der Muskulatur arbeitet, wird man immer wieder auf unbewußte innere Programmierungen stoßen. Wenn man dabei bewußt in sich hineinhört und sich gleichzeitig für seine tiefsten Bedürfnisse öffnet, wird man diese Programme Schritt für Schritt zusammen mit den körperlichen Spannungen erkennen und loslassen lernen beziehungsweise durch neue, dem Leben besser dienliche Programmierungen allmählich ersetzen können.

3. KÖRPERLICHE BESCHWERDEN ODER KRANKHEITEN

Die meisten körperlichen Beschwerden und Krankheiten sind Ausdruck einer schon länger anhaltenden psychischen Beeinträchtigung (siehe nachfolgendes Kapitel). Zum einen machen sie sichtbar, was auf der psychischen oder energetischen Ebene nicht stimmt. Wer bereit ist, (eventuell mit therapeutischer Unterstützung) genau hinzuhören und hinzufühlen, wird über die eigenen Schmerzen und Gebrechen erstaunliche Wahrheiten über sich selbst erfahren. Zum anderen wirken die Krankheitssymptome korrigierend und sorgen dafür, daß der Mensch zumindest ansatzweise das bekommt, was ihm auf der psychischen Ebene so lange gefehlt hat. Das kann einfach Ruhe sein, das Gefühl, nichts tun zu müssen, umsorgt zu werden, liebevolle Pflege, menschliche Wärme und Zuwendung zu bekommen, endlich einmal alle Verantwortung abgeben zu können, keinen Erwartungen mehr gerecht werden zu müssen. Die durch die Krankheit bedingte körperliche Schwäche zwingt außerdem die angespannte Muskulatur zum Loslassen und sorgt auf diese Weise auch dafür, daß man die körperlich manifestierte Härte sich selbst und/oder anderen gegenüber ein Stück weit aufgibt. Dadurch kommt der Mensch sich selbst und/oder seiner Umwelt wieder näher, und Lebensenergie und Selbstheilungskräfte können wieder besser durch den Körper fließen.

Körperliche Beschwerden und Krankheiten sind nicht selten gute und hilfreiche Freunde des Menschen, wenn man sie nur wirken läßt und ihnen Aufmerksamkeit schenkt. Statt dessen werden, wie in der Schulmedizin leider häufig praktiziert, lediglich die Symptome der Krankheiten ausgemerzt, was oft bedeutet, daß auch die Hilfeschreie der Seele unterdrückt werden, bis sie durch eine noch massivere Krankheit auf sich aufmerksam machen.

Es gibt auch Menschen, die ihren Körper und damit ihre Gefühle so stark unter Kontrolle haben, daß sie jede Krankheit unterdrücken und damit scheinbar jedes Korrektiv, jedes Schwachwerden unterbinden können. Aber irgendwann kann es vorkommen, daß sie von einer Stunde auf die andere völlig unvorbereitet alles loslassen, jede Kontrolle aufgeben und sterben müssen, etwa durch Herz- oder Gehirnschlag. Der innere Druck, der fehlende Ausgleich, die Disharmonie ist so stark geworden, daß etwas (die Seele?) in diesem Menschen nicht mehr bereit ist, so weiterzuleben.

Das Übungsprogramm beugt Erkrankungen vor, wirkt aber auch unterstützend bei der Heilung von Krankheiten und der Linderung körperlicher Beschwerden. Durch das Loslassen der Spannungen, auch in der tiefen Muskulatur, das noch zusätzlich durch den Einsatz der Stimme intensiviert wird, lösen sich Körperblockaden, die Atmung kommt immer mehr in Gang, wird voller und tiefer, der gesamte Energiefluß im Körper wird aktiviert, die Zellatmung wird verbessert, die Selbstheilungskräfte kommen in Fluß. All dies sind Faktoren, die für eine Heilung unabdingbar sind.

Linderung bis hin zur Heilung habe ich durch das Übungsprogramm bei den unterschiedlichsten Beschwerden erlebt: bei Rückenschmerzen, Kopfschmerzen, Nackenverspannungen, HWS-Syndrom, Bandscheibenproblemen, Muskelverhärtungen, Gesichtsfalten, Migräne, Verdauungsproblemen, Durchblutungsstörungen, Herz-Kreislauf-Schwierigkeiten, Menstruationsproblemen.

4. Psychische Probleme oder Krankheiten

Psychische Probleme bis hin zu massiven psychischen Krankheiten sehe ich unter anderem als ein Zeichen dafür, daß die Membranfähigkeit des (Energie-)Körpers gestört ist. Diese Störung kann sich auf ganz unterschiedliche Art und Weise äußern. Menschen etwa, von denen man sagt, daß sie „alles schlucken", lassen alles mehr oder weniger ungehindert in ihren Körper und/oder Energiekörper eindringen, doch kaum etwas oder gar nichts nach außen. Andere wiederum lassen alles an sich abprallen. Sie lassen sich von außen, wenn überhaupt, nur oberflächlich und nicht im Inneren berühren. Bei solchen Menschen scheint der Weg von innen nach außen mehr oder weniger offen zu sein, was sich darin äußert, daß sie sehr schnell alles abtun, jähzornig reagieren und so weiter. Ich sage „sie scheinen offen", weil hier nur die eine Seite der Medaille nach außen gekehrt wird, etwa die Wut, nicht aber die Verletztheit, die Schwäche. Im Kontakt mit dem eigenen Wesenskern ist man aber nur, wenn der Weg in beide Richtungen begehbar ist.

Die Einschränkungen der Lebendigkeit können so extrem sein, daß der Körper in beide Richtungen dicht ist und Kopf und Körper keine Verbindung mehr miteinander haben. Dann kann es vorkommen, daß ein Mensch einen unerträglichen Schmerz mit sich herumträgt, den er aber nicht wahrnehmen kann, von dem er abgeschnitten ist, während er gleichzeitig gut funktioniert, sogar scheinbar lustig ist und dennoch immer wieder von Depressionen heimgesucht wird. In extremen Fällen kann diese Störung so weit gehen, daß der Mensch den Kontakt zu sich selbst ganz verliert und überzeugt ist, eine andere Person zu sein.

Indem die Übungen das allmähliche Loslassen der angespannten Muskulatur fördern und dafür sorgen, daß der Körper durchlässiger wird, bringen sie den Menschen in

Kontakt mit all den Teilen seines Körpers und seiner Seele, die er abgespalten hat, und ermöglichen es ihm, immer mehr ganz und heil zu werden.

Wenn Sie unter stärkeren psychischen Beeinträchtigungen leiden, sollten Sie gleichzeitig mit dem Übungsprogramm eine möglichst körperbezogene Psychotherapie beginnen. Bei massiven psychischen Problemen sollte der Übungsablauf zunächst unter Aufsicht in einer Therapiestunde gemacht werden. Auf diese Weise kann festgestellt werden, ob vielleicht Übungen dabei sind, die den Körper im Augenblick zu stark öffnen oder zu viel Angst hervorrufen. Diese Übungen sollten zunächst weggelassen und im späteren Verlauf der Therapie erneut ausprobiert werden.

Es kann auch sein, daß es zunächst darum geht, den eigenen Körper, seine Form und seine Grenzen erspüren zu lernen. Der Therapeut oder die Therapeutin legt dann einfach seine/ihre Hände auf den Körper des Klienten/der Klientin, um so der gesamten Körperoberfläche Kontakt zu geben. Diese Kontaktaufnahme mit dem eigenen Körper können Sie auch allein zu Hause üben, und vielleicht ist das zunächst die einzige Übung, die Sie machen.

5. Frühkindliche Verletzungen

Ein Kind braucht für seine Entwicklung und als Schutz für seine Seele das Gefühl, behütet, geborgen, sicher und mit all den Besonderheiten, die es verkörpert, angenommen zu sein. Es benötigt bedingungslose Liebe, Zärtlichkeit, Respekt vor seiner Würde als Mensch, und ausreichende Versorgung auf der körperlichen Ebene. Wenn es das alles bekommt, hat es einen gesunden Nährboden, in dem sich seine Wurzeln gut entwickeln können, so daß es im Laufe seiner Entwicklung immer mehr lernt, „auf eigenen Beinen zu stehen" – zunächst im wörtlichen und dann auch im übertragenen Sinn.

Die Art und Weise, wie ein Mensch mit seinen Füßen auf dem Boden auftritt und mit ihm in Kontakt ist, zeigt deutlich, wie gut oder schlecht diese Wurzeln entwickelt sind und ob er oder sie „mit beiden Beinen im Leben steht" oder nicht. Wenn beide Füße und jeweils die ganze Fußsohle beim Stehen und Gehen gleichmäßig belastet werden, zeigt dies, daß die zentralen Lebenswurzeln im Kern gut entwickelt sind. Ein solcher Mensch hat Vertrauen in sich selbst, in andere Menschen und in das Leben.

Es würde den Rahmen dieses Buches sprengen, wollte ich hier alle Gründe nennen, die zu frühkindlichen Verletzungen führen können. Ich möchte mich auf das beschränken, was für viele Kinder in unserer Gesellschaft Alltag ist, auf die Verletzungen, die kaum vermeidbar erscheinen, weil unser Leben nun mal so organisiert scheint. Das beginnt bereits im Mutterleib, wenn ein noch ungeborenes Kind spüren muß, daß es nicht erwünscht ist und/oder die Mutter/die Familie in Angst und Streß lebt, es setzt sich fort, wenn das Kind unter Bedingungen geboren wird, die sich nicht an seinen Bedürfnissen orientieren, sondern an denen des Krankenhauspersonals. Der berühmte Klaps auf den Po

(von dem man sich heute glücklicherweise weitgehend verabschiedet hat) erlaubt keine sanfte, allmähliche Öffnung
für die Stimme, sondern fordert mit mehr oder weniger
sanfter Gewalt eine schnelle Reaktion. Nach wie vor ist es
Usus, daß Eltern ihr Kind nachts schreien lassen, weil sie
„wissen", daß man es nur ein paar Mal aushalten muß, bis
das Kind sich das abgewöhnt und man selbst seine Ruhe hat.
So lernt das Kind schon sehr früh, daß es keinen Sinn hat,
Bedürfnisse anzumelden und Gefühle zu äußern. Es unterdrückt den Impuls zu schreien durch entsprechende Muskelanspannung und schafft damit erste Ansätze von Körperpanzerung, um das Leben aushaltbar zu machen. Auf
diese Weise vollzieht sich schon sehr früh die Wende vom
Lebendigsein zum Überleben, und gleichzeitig wird der
Grundstein für spätere Krankheiten gelegt: zum einen, weil
die Muskelanspannung den Energiefluß im Körper behindert, zum anderen, weil die Programmierung „Schreien
nützt nichts" den direkten, unmittelbaren Ausdruck von
Gefühlen verhindert. Die Hilferufe der Seele können nicht
mehr auf direktem Weg nach außen dringen, sondern müssen sich andere Ausdrucksmöglichkeiten suchen. Das können sogenannte Verhaltensauffälligkeiten sein, leichte bis
schwere oder gar lebensbedrohende Krankheiten und
Selbstmordversuche.
   So furchtbar all diese Reaktionen einerseits scheinen
mögen, so viel Hoffnung enthalten sie auf der anderen Seite,
denn letztendlich sind sie Ausdruck einer Kraft im Menschen, die sich dagegen wehrt, „nur zu überleben", und sich,
wenn auch oft auf scheinbar verquere Weise, darum
bemüht, zu echter Lebendigkeit zurückzufinden.
   Probleme wie eingeschränkte körperliche Beweglichkeit,
Disharmonie und Unausgeglichenheit, Unzufriedenheit,
die Unfähigkeit, die eigene Lebensweise zu verändern, und
die verschiedensten körperlichen und psychischen
Beschwerden können Ausdruck frühkindlicher Verletzungen sein. Denn neben all den genannten zahlreichen – in
unserer Gesellschaft leider selbstverständlichen – Verletzungen kommen noch massenhaft grausamste Verletzungen

dazu, die unter dem Deckmantel der nach außen abgeschirmten, scheinbar glücklichen Kleinfamilie tagtäglich stattfinden und Kinderseelen verletzen und sogar abtöten: durch brutale Körpermißhandlungen bis hin zur Todesfolge, durch verbale Drohungen, das Kind zu schlagen, es zu verlassen oder sogar, es zu töten, durch Verletzung seiner Menschenwürde durch Schimpfworte bis hin zum Seelenmord bei sexueller Gewalt gegen das Kind.

Verschiedene Schätzungen gehen inzwischen davon aus, daß in Westdeutschland jeder vierten beziehungsweise sogar jeder zweiten Frau in irgendeiner Form als Kind sexuelle Gewalt zugefügt worden ist.

Daß wir uns als Erwachsene nicht daran erinnern können, bedeutet nicht, daß es keine gravierenden Verletzungen gegeben hat. Das Fehlen von Erinnerungen an die Kindheit kann vielmehr ein deutliches Zeichen dafür sein, daß es in dieser Zeit unerträgliche Situationen gegeben hat, die durch Vergessen und Verdrängen erträglicher gemacht wurden.

Eine wesentliche und gleichzeitig schwer zugängliche Ausdrucksform frühkindlicher Verletzungen präsentiert sich als innere Programmierung. Das sind Glaubenssätze, die in frühester Kindheit als Reaktion auf entsprechende Verletzungen formuliert und im Unterbewußtsein gespeichert wurden. Diese Glaubenssätze können das ganze Leben eines Menschen bestimmen, solange es ihm nicht gelingt, sie bewußt wahrzunehmen und schließlich loszulassen beziehungsweise in Glaubenssätze umzuformulieren, die die Lebendigkeit fördern.

Glaubenssätze wie „Ich habe kein Recht zu leben", „Ich bin nicht liebenswert", „Ich bin schuldig", „Ich schaffe das nicht", „Ich bin ganz allein" prägen das Verhalten der betreffenden Menschen, ihre Beziehungen zu anderen, ihre Körperhaltung, ihre Einstellung zum Leben, und sie drücken sich in den Krankheiten aus, die solche Menschen bekommen. Dabei können diese Ausdrucksformen so unterschiedlich sein wie die entsprechenden Menschen – und doch gibt einige zentrale Themen. Eines davon heißt Vertrauen – das Vertrauen in sich selbst, in andere Menschen und in das Leben überhaupt. Ein Mangel an Vertrauen kann auf ganz unterschiedliche Weise zum Ausdruck kommen: als tiefes Mißtrauen gegen alles und jeden, als blindes Vertrauen, das immer wieder enttäuscht wird, als Mangel an Selbstvertrauen, als ständiges Bemühen, sämtlichen Erwartungen anderer gerecht zu werden, und als das Gefühl, immer alles aus eigener Kraft machen zu müssen, als völlige Kontrolle, die nicht anerkennen will, daß das Leben viele Dinge für einen erledigt, wenn man ihm nur die Zeit dafür läßt. Im Leben dieser tiefverletzten Menschen gibt es keine Verschnaufpause, kein tiefes In-sich-Ruhen, keinen inneren Frieden, kein Einfach-Sein.

Heilung bedeutet für sie mehr als nur die Heilung von medizinisch diagnostizierbaren Krankheiten. Es geht hier um die Heilung der Verletzungen, die ihrer kindlichen Seele zugefügt wurden, und diese Heilung kann nur stattfinden, wenn der betreffende Mensch den schmerzhaften Weg geht, der durch die alten Verletzungen hindurchführt. Und wirkliche Heilung bedeutet dann, Lebensfreude und Lebenslust zu erfahren, mit dem Leben und all seinen Energien verbunden zu sein, mitfühlen, lachen und weinen zu können, fröhlich und wütend sein zu können, spontan und überlegend, sich und andere zu lieben, im tiefen lebendigen Kontakt und Austausch mit dem Körper, der Seele und dem Geist zu sein.

Daß das Übungsprogramm zur Heilung frühkindlicher Verletzungen beitragen kann, wird einsichtig, wenn man sich vor Augen führt, was dabei geschieht. Um den Schmerz überleben zu können, der unseren Kinderseelen zugefügt wurde, haben wir uns durch immer mehr Körperpanzerungen davon entfernt, bis wir ihn nicht mehr spürten. Anstatt unseres betäubten authentischen Ichs haben wir immer neue Ersatzschauspieler mit ständig wechselnden Masken auf die Bühne unseres Lebens geschickt und dort agieren lassen, ohne Vertrauen in das Leben und total kontrolliert durch unseren Kopf.

Bei der Heilung geht es nun darum, diesen Prozeß umzukehren und die Masken Stück für Stück wieder loszulassen, damit immer mehr authentische Teile von uns aus ihrer Erstarrung erwachen können. Das ist ebenfalls ein sehr schmerzhafter und beängstigender Prozeß. Die im Laufe des Lebens angelegten Masken scheinen ja ein Teil von uns selbst zu sein, wichtige Hilfsmittel, um das Leben zu meistern. Sie eine nach der anderen aufzugeben, löst bei den meisten Menschen tiefe Ängste bis hin zur Todesangst aus, die sich dann oft in Traumbildern zeigen, etwa als tiefe schwarze Löcher, Abgründe, in die der Träumende stürzt. Und genau da hindurch, mitten durch das unbekannte Dunkel führt der Weg der Heilung.

Das Übungsprogramm unterstützt diesen Weg durch das Dunkel und die alten Schmerzen hindurch auf die andere Seite derselben Medaille, die Lebensfreude, Liebe, Lust und Kontakt mit der eigenen Seele bedeutet. Dies geschieht, indem wir, durch das Gefühl des Getragenseins durch die Erde und unterstützt durch unsere Ausatmung, Vertrauen entwickeln und auf dieser Basis lernen, die tiefen Muskelverspannungen immer mehr loszulassen, die uns von unserem Schmerz und damit auch von unserer Lust und Lebensfreude trennen. So wie die Blätter erst vom Baum fallen, wenn die neuen Blätter im Keim schon da sind, so fallen erst Stück für Stück die Abschirmungen vom eigenen Inneren ab, wenn sich Neues im Menschen entwickelt, zum Beispiel wenn das Vertrauen in sich, in das Leben, vielleicht auch in Gott, das Höhere Selbst oder wie immer man es nennen mag, wachsen und gedeihen kann. Es ist ein dauerndes Wechselspiel, wo das Loslassen der Muskulatur das Vertrauen weiter wachsen läßt, und das wachsende Vertrauen wieder zu mehr Loslassen der Körperanspannungen führt.

Bei nicht wenigen Menschen in unserer Kultur ist die Körperwahrnehmung so betäubt und die Lebendigkeit des Körpers und der Seele durch permanente Muskelanspannung so stark unterdrückt, daß der Kopf die gesamte Kontrolle übernommen hat. Wenn diese Menschen lernen, den Kopf loszulassen, haben sie eine zentrale Eingangspforte zu ihren Gefühlen gefunden. So einfach das klingt, so schwierig ist es für die meisten von uns.

Die Übung auf Seite 31 geht einen Schritt in diese Richtung: Wir lassen den Kopf los und vertrauen ihn den eigenen Händen an. Es wird also noch ein Stück Kontrolle bewahrt, aber es ist nicht mehr der Kopf, der sie ausübt. Auf diese Weise können bestimmte Erkenntnisprozesse im Körper in Gang kommen. Dies ist übrigens eine Körperhaltung, die oft unbewußt von Menschen eingenommen wird, die sehr verzweifelt sind und nicht mehr weiterwissen. Der Körper holt sich, was er braucht, wenn man ihn nur läßt, und wir können ihn durch bewußtes Loslassen unterstützen.

Der nächste Schritt besteht darin, daß wir das ganze Gewicht des Kopfes an den Boden abgeben (Seite 40), daß wir zulassen können, daß Mutter Erde unseren Kopf trägt. Das bedeutet nichts anderes, als Vertrauen zu üben. Durch das langsame Drehen des Kopfes mit gleichzeitiger Gewichtsverlagerung wird die Kontrolle noch weniger. Mit der Zeit wird man feststellen, daß der Kopf noch gar nicht wirklich losgelassen war, daß es immer noch ein Stück tieferes Loslassen gibt. Noch mehr loslassen können wir den Kopf, wenn er sich mit Hilfe der Atemsäule allmählich immer weiter vom Boden hebt, wobei die Hände ihn abstützen (Seite 72). Diese Übung enthält etwas von der Energie des Sich-nach-hinten-Fallenlassens (*falling back into the universe* = sich ins Universum zurückfallen lassen). Auch diese Übung hat mit Vertrauen zu tun. Kinder, die in Geborgenheit aufwachsen, lieben es, sich einfach unvermittelt nach hinten fallen zu lassen – in vollem Vertrauen darauf, aufgefangen zu werden. Dieses Gefühl von Vertrauen in unseren Körper zu bekommen, ist ein wichtiger Schritt, um das Kind in uns wieder zum Leben zu erwecken. Damit dieses Gefühl auch in den Alltag integriert werden kann, muß der erwachsene Teil in uns unterscheiden lernen, in welchen Situationen und mit welchen Menschen dieses Sich-Fallenlassen möglich ist, beziehungsweise die eigenen Lebensbedingungen aktiv so zu verändern, daß dies immer mehr möglich wird.

Im weiteren Verlauf des Übungsprogramms (und natürlich je länger wir die Übungen machen) gehen wir immer weiter zurück in die frühesten Stadien unserer Entwicklung: zum Säugling, zum Embryo, in einen Zustand des Nicht-Denkens und Einfach-Seins.

Mit der Übung „Das Schneckenhaus" (Seite 81) sind wir beim Embryo angelangt. Es ist eine embryonale Körperhaltung, die sehr unterstützend wirkt, um die Aufmerksamkeit von außen nach innen zu bringen, tiefer mit sich selbst in Kontakt zu kommen und gleichzeitig einen sicheren Schutz um sich zu haben, wobei der Rücken die Funktion des Schneckenhauses übernimmt. So fühlt sich der verletzbare Herzbereich geschützt und kann sich besser öffnen. Es gibt allerdings auch Menschen, die dies anders empfinden – etwa, wenn sie sehr viel Schläge auf den Rücken bekommen haben. Dann empfiehlt es sich, diese Übung abzuändern und eine Decke über den Rücken zu legen.

Nach dieser Embryohaltung folgen jetzt Übungen, die an die Geburt erinnern (Seite 83–91). Das Becken initiiert die Bewegung und bringt den Kopf nach unten in Richtung Erde in Bewegung. Die Entwicklung des Kindes, das erst anfängt, auf allen vieren zu krabbeln, und schließlich aufrecht auf seinen Füßen steht, wird im weiteren Verlauf des Übungsprogramms nachvollzogen (Seite 92–99). Dabei probieren wir – ganz wie ein Baby, das seine Bewegungsmöglichkeiten erkundet – unterschiedliche Arten von Bewegung und Belastung vor allem der Arm- und Schultermuskulatur aus, um schließlich verstärkt die Beinmuskulatur einzusetzen, bis wir aufrecht zum Stehen kommen und uns das ganze Spektrum der Bewegungsmöglichkeiten offensteht – der Tanz des Lebens. Jetzt können wir uns als Kind, Jugendliche(r), Erwachsene(r), als Tier, Gott oder Göttin, als Luft, Wasser, Feuer, Erde und so weiter bewegen – je nachdem welches Körpergefühl gerade im Vordergrund steht.

Wichtig ist, daß wir auch weiterhin das Gefühl haben, getragen zu sein – vom eigenen Skelett, den Organen, der Atemsäule, vom Vertrauen und nicht zuletzt von der Erde. Wir halten uns nicht selbst, sondern geben unser Gewicht und alles, was wir sonst noch tragen, durch unseren Körper hindurch an die Erde ab. Aus diesem Grund bleiben wir fast bis zum Ende des Übungsablaufes, trotz unterschiedlicher Übungen, immer am Boden liegen: um immer mehr loslassen zu lernen, das Gefühl des Getragenseins in unseren Körper aufzunehmen, unser Urvertrauen zu entwickeln und auf diese Weise immer weiter zu unserem inneren Kind vorzudringen.

Wenn wir mit Hilfe des Übungsablaufes unseren Entwicklungsprozeß umkehren, um zu unserem inneren Kind zurückzufinden, ist es wichtig, daß wir unsere Entwicklungsschritte so annehmen, wie sie aufeinander aufbauen, daß wir nicht werten, sondern uns einfach nur freuen über das, was an Bewegung kommt. Erst wenn wir diese Haltung uns selbst gegenüber angenommen haben, sind wir in der Lage, ohne unnötige Anstrengung Übungen zu machen, die voraussetzen, daß verschiedene Körperpartien gleichzeitig losgelassen werden (z. B. Der Pflug, Seite 68), erst dann können wir ohne unnötige Anstrengung Gewicht nehmen und geben, uns nach außen dehnen und strecken und unsere Muskulatur dabei optimal einsetzen.

Es sind drei verschiedene Energien, die wir für die Heilung frühkindlicher Verletzungen als wichtig erkannt haben: Loslassen, Getragensein und Vertrauen. Wann immer wir an einem Punkt dieses magischen Dreiecks eine Veränderung vornehmen, verändern sich automatisch auch die beiden anderen Punkte, denn sie sind miteinander verbunden und beeinflussen sich gegenseitig – sowohl im Positiven als auch im sogenannten Negativen. Wenn man zum Beispiel statt loszulassen Brustkorb und Schultern zusammenzieht, wird man bemerken, daß sich dort, wo sonst Vertrauen ist, jetzt Mißtrauen breitmacht. Und statt sich getragen zu fühlen, hat man vielleicht das Gefühl, die Last der ganzen Welt auf den Schultern tragen zu müssen. Wenn man sich auf der anderen Seite vielleicht von einem Menschen eine Weile tragen läßt, werden sich die Muskeln allmählich entspannen, und Vertrauen kann sich entwickeln.

Je mehr sich diese drei Energien entwickeln und sich gegenseitig verstärken, desto mehr nähern sie sich dem Zentrum, wo sie schließlich zu einer einzigen Energie verschmelzen – dem *Einfach-Sein!*

Dort, in diesem Zentrum gibt es keine Zwänge mehr, kein Machen-Müssen, kein Getrieben-Sein, sondern nur noch den Puls des Lebens: SEIN.

Und wenn es uns gelingt, die großen und die kleinen Aufgaben in unserem Leben aus diesem Zentrum heraus zu erfüllen, dann bedeuten sie keine große Anstrengung mehr, verursachen keinen Streß und keine Panik. Vielmehr werden wir sie eine nach der anderen mit Freude und Gelassenheit meistern und dabei spüren, daß wir nicht alles aus eigener Kraft machen müssen, sondern daß wir in diesem Zentrum des Seins mit allen Energien des Universums verbunden sind. Es geht nicht darum, das zu glauben, sondern es zu spüren, zu erfahren und sich darauf einzulassen. Im Zentrum des Seins gibt es keine Projektion mehr, nur noch die Verbindung von Herz zu Herz. Hier ist jeder Mensch in Liebe mit sich und der Welt verbunden, hier wird auch die tiefste frühkindliche Verletzung Heilung erfahren, und die verletzte Seele wird wieder Nahrung bekommen und zu neuem Leben erwachen. Von hier kann die Heilung der Menschen und der ganzen Erde ausgehen.

Körperpanzerung und Atmung

1. KÖRPERPANZER ALS SEELENSCHUTZ

Bevor wir uns mit unserer eingeschränkten Atmung und damit einhergehend mit unseren Körperpanzerungen beschäftigen, sollten wir uns immer wieder bewußt machen, daß diese Panzerungen eine Schutzfunktion haben. Sie wurden zum Schutz unserer Seele, zum Überleben unerträglicher Lebenssituationen von unserem Körper aufgebaut. Bevor wir also darangehen, sie loszulassen, müssen wir ihnen zunächst mit Anerkennung und Respekt begegnen, vor allem auch mit Respekt vor dem, was sich darunter versteckt hält.

Wir sollten eine innere Bereitschaft entwickeln, gut zu sorgen für all das, was sich darunter an Verletztheit und Schmerz, an Wut und Trauer, aber auch an Lust, Liebe und Wildheit auftun kann, den Raum dafür zu schaffen, daß das oft jahrzehntelang Zurückgehaltene allmählich auftauchen kann, sich zeigen darf und seinen Platz in unserem Leben erhält.

Alice Miller hat in ihrem Buch *Du sollst nicht merken* einen sehr interessanten Aspekt dieses Themas aufgegriffen. Sie geht davon aus, daß die Erziehung der Kinder in unserem Kulturkreis unter anderem systematisch darauf abzielt, ihnen die Erinnerung an das auszutreiben, was die Eltern und andere Erziehungspersonen ihnen angetan haben. „Im Kind (wird) so früh wie möglich das Gefühl der eigenen Schuld und Schlechtigkeit" geweckt und „damit (wird) sein Blick und der Sinn für das, was man ihm angetan hat" getrübt.

Um diese Blockaden als erwachsener Mensch wirklich auflösen zu können, reicht es nicht aus, beispielsweise Körperübungen zu machen. Man muß vielmehr einen Weg finden, um der Energie, die in den Blockaden festgehalten wird, eine Ausdrucksmöglichkeit zu geben.

Während wir nun Schritt für Schritt unsere Panzer schmelzen, um unsere ganze Lebendigkeit zurückzugewinnen, werden wir viele kleine und große Tode sterben müssen. Es ist gleichsam die Umkehrung dessen, was der Körper früher gemacht hat. Er hat sich immer mehr totgestellt, abgetötet, um das Leid ertragen zu können. An die Stelle des Lebendigen traten tote Masken, die das Leben nach außen hin aufrechterhielten, zum Beispiel die Maske der zwanghaften Freundlichkeit. Erst wenn wir diese Maske in sich zusammenfallen lassen können und so in Kontakt kommen mit den dahinter versteckten Gefühlen wie Wut, Haß, Angst und Verzweiflung und diese leben lassen, werden wir vielleicht spüren, daß sich hinter dieser Maske zum Beispiel eine herzliche, ehrliche Freundlichkeit versteckt hält, die sich erst dann zeigen kann, wenn wir uns von der Maske verabschiedet haben.

Folgenden Text, dessen Autor oder Autorin mir leider nicht bekannt ist, habe ich vor vielen Jahren zum Geburtstag geschenkt bekommen. Er beschäftigt sich sehr treffend mit diesen Masken:

„... Es entsteht der Wunsch zur ganz und gar nicht alltäglichen Maske. Die Maske ist zunächst Larve, als solche verbirgt, ja verneint sie das Bisherige, das im bisherigen Leben dargestellte Ich... Es geschieht jene Verkleidung, die in vielen Fällen gar keine ist, sondern eine kleine Erfüllung... Er wirft damit einen Traum über sich, den Traum vom bunten oder großen Tier. Und man begreift, welche Rolle der Vermummte im Leben spielen möchte, auch könnte, wenn er nicht verhindert wäre..."

Wir werden die Panzerungen durch einmaliges Lösen wohl kaum wirklich loslassen können. Wir müssen es immer wieder tun, bis unser Körper auch wirklich darauf vertrauen gelernt hat, daß ihm und auch dem Herz und der Seele nichts mehr geschieht, und bis wir gelernt haben, uns auch ohne Panzerung gut zu schützen, etwa indem wir mit zunehmender Durchlässigkeit unseres Körpers unsere

Intuition entwickeln, die uns frühzeitig vor Gefahren warnt, indem wir lernen, unsere Arme und Beine zu unserer Verteidigung einzusetzen, uns abzugrenzen, anderen Menschen unsere Grenzen zu zeigen, indem wir sie zum Beispiel mit unserer Stimme und unserer respekteinflößenden Ausstrahlung (z.B. weil wir durch den Übungsablauf ein gut entwickeltes Rückgrat und einen aufrechten Gang – auch im übertragenen Sinn – erworben haben) bei Bedarf auf Abstand halten.

Neben dem Übungsprogramm und den unten genannten Möglichkeiten zur Auflösung der Körperblockaden gibt es Massagetechniken, die demselben Zweck dienen. Sie sind im Buch meines Stimmlehrers Romeo Alavi Kia (*Stimme – Spiegel meines Selbst*) beschrieben und bebildert.

Eine sehr schöne Hilfe ist es auch, sich einfach nur auf eine feste Unterlage zu legen (keine weiche Matratze) und überall dort, wo Sie vielleicht Spannungen in Ihrem Körper spüren, etwas unterzulegen (eine Rolle unter die Knie, Kissen unter Arme und Hände, eine kleine Rolle unter den Nacken; vielleicht benötigen die Schultern eine kleine Unterlage; bestimmte Stellen am Rücken, die sich nicht entspannt dem Boden hingeben können, brauchen vielleicht einen Tennisball als Unterlage). Lassen Sie dann mit jedem Ausatmen (mit Stimme) ein Stück mehr Spannung los.

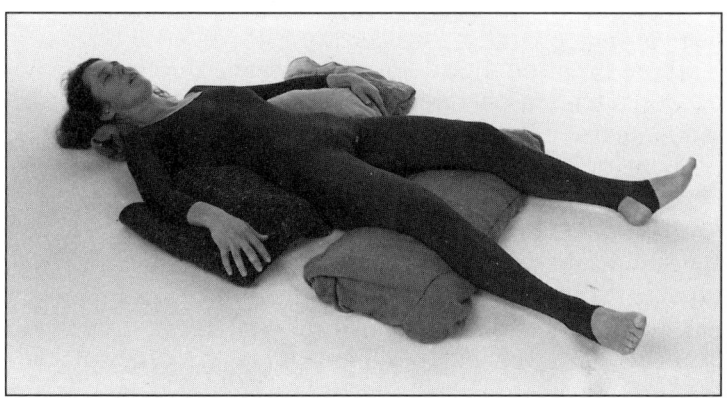

2. KÖRPERPANZERUNGEN NACH WILHELM REICH
UND WIE MAN SIE AUFLÖSEN KANN

Zum besseren Verständnis möchte ich nun in groben Zügen das von Wilhelm Reich schon vor 60 Jahren erkannte und sorgfältig erforschte System der Körperpanzerungen vorstellen.

Die Lebensenergie fließt in Längsrichtung durch unseren Körper. Im Gegensatz dazu sind die Körperpanzerungen in waagerechten Segmenten angeordnet. „Hier tritt uns der Wurm im Menschen entgegen." Solange unser Körper gepanzert ist, wird die Lebensenergie in der chronischen Muskelkontraktion festgehalten.

Sobald es uns gelingt, einen Teil dieser kontrahierten Muskeln loszulassen, kommen wir mit der Blockade in uns in Kontakt: Die Körperenergie fließt ein Stück, bis sie schließlich auf die nächste Muskelkontraktion stößt. Erst jetzt können wir die Blockade in uns überhaupt wahrnehmen. Die Lebensenergie beginnt auch nicht sofort nach einer ersten Lockerung des Panzerrings frei zu fließen, sondern drückt sich zunächst durch ein Zittern aus, das mit einem Prickeln einhergeht. Daran wird deutlich, daß festgehaltene Energie frei geworden ist.

Echte Empfindungen der wellenförmig durch den Körper verlaufenden Energie sind allerdings erst möglich, wenn schon mehrere Panzersegmente gelöst sind.

Wilhelm Reich unterscheidet grob sieben Kontraktionssegmente im menschlichen Körper. Innerhalb eines Segments hat die Auflösung eines Teilbereichs Auswirkungen auf andere Bereiche dieses Segments. Die Auflösung eines kontrahierten Segments führt jedoch nicht automatisch auch zur Auflösung einer Kontraktion in einem anderen Segment. Sie können getrennt voneinander weiterbestehen.

Panzerung des okularen Segmentes
(Stirn, Augen, Jochbein)

Wenn diese Panzerung vorliegt, sind verschiedene Muskeln um die Augen, an der Stirn und/oder unter der Kopfhaut kontrahiert. Eine mehr oder weniger große Unbeweglichkeit oder Angestrengtheit der Stirn und der Augenpartie ist zu beobachten, was zu einem maskenhaften Gesichtsausdruck führt. Vielleicht sind die Augenlider zusammengekniffen, oder der Mensch ist unfähig, die Augen weit aufzureißen. Kurzsichtigkeit und die Unfähigkeit zu weinen können ebenfalls auf eine Panzerung dieses Segmentes hinweisen. Auch eine permanente Überforderung der Augen durch Lese- oder Fernsehsucht und das Gefühl, ein „Brett vor dem Kopf" zu haben, gehören meiner Beobachtung nach zu den Ausdrucksformen dieser Panzerung.

Auflösungsmöglichkeiten: Plötzliches Aufreißen und/ oder Zudrücken der Augen, Augenrollen und Massage dieses Bereichs (siehe Beginn des Übungsprogramms, Seite 35).

Panzerung des oralen Segmentes

Zu diesem Segment gehören die Lippen, der Kiefer, das Kinn und die obere Nackenpartie. Eine Panzerung dieses Bereichs äußert sich darin, daß die Zähne zusammengebissen und die Lippen aufeinandergepreßt werden. Den betreffenden Menschen fällt es schwer, den Mund wirklich zu öffnen. Spontanes Reden, Schreien, Lachen und Weinen – Lebensäußerungen schlechthin – werden also unterdrückt. *Auflösungsmöglichkeiten*: Grimassen und Massagen in diesem Bereich. Unterstützend wirkt ein sanftes Streicheln über das Gesicht nach unten, wodurch sich der Unterkiefer öffnet, während der Kopf kontinuierlich immer mehr nach hinten sinkt. Die Stimme, die zunächst sanft mitgeführt wird, kann sich bis zur Explosivität steigern. Auch die Auslösung des Würgereflexes mobilisiert das orale Segment sehr stark. Der Würgereflex kann ausgelöst werden, indem man die Zunge herausstreckt, während man die beschriebene Übung macht.

Panzerung des Halssegmentes

Neben den Halsmuskeln gehört auch der Zungenmuskel zu diesem Bereich. Der bekannte Kloß im Hals ist ein untrügliches Zeichen für die Halsblockade. Gefühle dürfen nicht durchkommen und werden statt dessen wieder hinuntergeschluckt, oft unbewußt dadurch unterstützt, daß der betreffende Mensch viel ißt und trinkt. Zum Teil wird auch unbewußt die Zunge gegen den Gaumen gedrückt: Der Kanal nach außen ist dicht.
Auflösungsmöglichkeiten: Massagen der äußeren Halsmuskeln, Auslösen des Würgereflexes, Herausstrecken und Bewegen der Zunge in alle Richtungen, wobei auch der Kopf in verschiedene Richtungen bewegt und die Stimme dazugenommen wird. Der durch die kontrahierten Halsmuskeln verursachte Druck kann von außen übernommen werden, indem man mit den Händen einen entsprechenden Druck auf die Halsmuskeln ausübt.

Panzerung des Brust-Rücken-Segmentes

Neben Brust und oberem Rücken gehören auch die Arme zu diesem Segment. Eine Panzerung in diesem Bereich äußert sich in flacher Atmung, in der Tendenz, den Atem anzuhalten, in relativer Unbeweglichkeit des Brust-Rücken-Bereichs, in einer Hemmung, die Hände/Arme spontan zur Abwehr einzusetzen. Dahinter verbergen sich die konfliktreichsten, unerträglichsten Erfahrungen im Leben eines Kindes: zurückgehaltene Wut und/oder Angst. Wird diese Panzerung über längere Zeit aufrechterhalten, kann sie zu Bluthochdruck, Herzproblemen und Angstzuständen führen, und das Gefühl, einen Knoten oder Stein in der Brust zu haben, kann immer deutlicher werden. Auch die Neigung zu Sehnenscheidenentzündungen in den Armen kann eine Folge dieser Panzerung sein. Nach außen vermitteln Menschen mit einer Panzerung in diesem Bereich den Eindruck, selbstbeherrscht zu sein und ständig an sich zu halten.

Auflösungsmöglichkeiten: Besonders hilfreich sind die Übungen „Dehnung des Schultergürtels" (Seite 41), „Die Spirale" (Seite 55), „Rückenselbstmassage" (Seite 66) und im fortgeschrittenen Stadium der Auflösung auch „Der Pflug" (Seite 68). Sehr unterstützend ist es auch, einen oder mehrere Wollknäuel/weiche Bälle unter die Kontraktionspunkte zu legen, eine Weile in den Schmerz zu atmen und ihn mit Stimme auszuatmen, und sie dann wieder wegzunehmen.

Panzerung des Zwerchfellsegmentes

Sind das Zwerchfell (der größte Muskel unseres Körpers) und die darunterliegenden Organe blockiert, so bedeutet das eine starke Beeinträchtigung der Atemtätigkeit und des Atemrhythmus. Die Atmung wird flach und unregelmäßig, es kann nicht mehr voll ausgeatmet werden, was automatisch auch die Einatmung reduziert. Die spontane Zwerchfellpulsation wird dadurch erschwert oder sogar ganz ausgeschaltet.

Diese Panzerung kann ihre Ursache in furchterregenden Kindheitserlebnissen haben, die nicht verarbeitet wurden. In Schrecksituationen wird der Atem angehalten, und die so eingeatmete Angst wird meist nie wieder voll ausgeatmet, was beispielsweise über einen Schrei möglich wäre. So bleibt diese Energie im Körper gebunden, vom Zwerchfell festgehalten. Das Gefühl, einen Knoten im Magen zu haben, und nervöse Magenleiden können ein Zeichen für diese Blockierung sein – ebenso wie die Unfähigkeit zu erbrechen, denn durch die Zwerchfellblockade wird die Energie daran gehindert, nach oben zu steigen und durch den Mund auszutreten.

Rein körperlich zeigt sich diese Panzerung in deutlich vorstehenden Muskelsträngen längs der Wirbelsäule an den untersten Brustwirbeln und darin, daß die Wirbelsäule im Lendenbereich nach vorn gekrümmt ist (Lordose). *Auflösungsmöglichkeiten*: Durch forcierte Atmung (z. B. hecheln), Massagen und das Unterlegen eines weichen Balls oder ähnliches unter die Wirbelsäule in Höhe des Zwerchfells können die Auswirkungen der Panzerung gemildert werden. Wirklich gelöst werden kann die Blockade, wie alle anderen, letztendlich nur dadurch, daß man der Energie, die darin festgehalten wird, eine Ausdrucksmöglichkeit gibt. Dies kann durch eine neue Situation geschehen, die ähnliche Gefühle auslöst und die Chance enthält, dieses Mal einen Ausdruck dafür zu finden, und/oder durch eine Therapie, die zu einem spontanen Ausdruck dieser unterdrückten Gefühle führen kann.

Panzerung der Bauchmitte

Diese Panzerung äußert sich in einer Verhärtung des großen Bauchmuskels, der seitlichen Bauchmuskeln und der am unteren Rücken längs neben der Wirbelsäule verlaufenden Muskeln. Häufige Folge sind Probleme mit dem Stoffwechsel. *Auflösungsmöglichkeiten*: Die Auflösung dieser Panzerung ist hörbar. Massagen, Körper- und Entspannungsübungen bringen diverse Geräusche wie Glucksen und Blubbern mit sich, die deutlich machen, daß der Lösungsprozeß in Gang gekommen ist. Folgende Übung ist ebenfalls hilfreich: Ausatmen und dabei den Bauch so weit wie möglich einziehen, daß alle Restluft herausgedrückt wird, dann ohne neu einzuatmen zehn bis dreißig Sekunden lang den Bauch immer wieder von neuem herausschnellen lassen und wieder einziehen...

Panzerung des Beckensegmentes

Von dieser Panzerung sind sowohl die verschiedenen Beckenmuskeln betroffen als auch die Beinmuskeln, vor allem die Adduktoren (Muskeln auf der Innenseite des Oberschenkels). Das Becken ist meist insgesamt nach hinten gezogen und hält sowohl die in ihm sitzende Angst als auch die Wut zurück. Gleichzeitig ist damit aber auch die sexuelle Lust stillgelegt. Mit der Tatsache, daß keine Erregung mehr empfunden wird, können zahlreiche Krankheitssymptome einhergehen: Entzündungen der Eierstöcke, Wucherungen im Mastdarm, Probleme in der Harnröhre, Scheidenfluß. Beim Mann können Erektionsprobleme auftauchen, bei der Frau kann es zu Gefühllosigkeit der Scheide kommen. Da die Panzerung keine unwillkürlichen Zuckungen zuläßt, die für ein orgastisches Erleben notwendig sind, verwandeln sich die Lustempfindungen in Wutimpulse. Und „wie überall im Bereich des Lebendigen verwandelt sich auch im Becken gebremste Lust in Wut und gebremste Wut in muskuläre Spasmen" (Reich, *Charakteranalyse*, S. 510). Weiter schreibt Reich, daß es „neben dem Wutausdruck... auch den Ausdruck von Verachtung" gibt. Meiner Beobachtung nach ist die Verachtung jedoch ein Resultat der Unterdrückung von Wut. Die unterdrückte, nicht gelebte Wut verwandelt sich in Verachtung. Der Körper muß jetzt nicht mehr nach außen hin reagieren, sondern kann in einer distanzierten Von-oben-herab-Haltung verharren. Aus diesem Grund ist der Liebesakt in unserer Kultur in den wenigsten Fällen ein Ausdruck von Liebe; vorherrschende Gefühle sind dabei vielmehr oft heimliche oder offene Wut und/oder Verachtung gegenüber dem Partner/der Partnerin oder sich selbst und dem eigenen Körper gegenüber. „Lustempfindungen im Becken sind nicht zu erzielen, solange die Wut nicht aus den Beckenmuskeln" befreit ist. Die freie Beweglichkeit des Beckens allein reicht also nicht aus.

3. Männliche und weibliche Energien und ihre körperlichen Blockaden

„Brust raus, Bauch rein" hörte ich als Kind meinen Vater immer sagen. Gemeint ist damit nicht die Öffnung des Brustbereichs durch Aufrichten des Brustbeins, sondern das Zurücknehmen der Schultern bei gleichzeitigem Anspannen der Brust- und Rückenmuskulatur – eine tendenziell bei Männern anzutreffende Form des Brustpanzers, die in der militärischen Körperhaltung noch durch steifen Nacken und zusammengedrückten Po ergänzt wird, so daß sämtliche Körperbereiche festgehalten sind. Versuchen Sie einmal, eine solche Körperhaltung einzunehmen, und sie werden feststellen, daß die Atmung dadurch erheblich eingeschränkt ist. Sie findet fast nur noch im Kopfbereich statt. Dadurch geht der Kontakt zum eigenen Körper, zu den Gefühlen und zum Herzen verloren – eine ideale Voraussetzung zum skrupellosen Töten. In dieser Haltung sind die Arme eng an den Körper gepreßt, oft auch hinter dem Rücken zusammengehalten, oder die Hände werden zu Fäusten geballt, oft auch (unbewußt) gut versteckt in der Hosentasche, als Ausdruck unterdrückter, versteckter Wut. Dies ist übrigens auch bei Frauen zu beobachten.

Eine andere Variante läßt sich bei Muskelmännern und -frauen beobachten, die ihre Arme nur in weitem Abstand vom Körper halten können. Von außen wirken sie wie aufgeblasen, und man bekommt das Gefühl, daß die ganze Herrlichkeit in sich zusammenfallen würde, wenn man nur das entsprechende Ventil finden und öffnen könnte. Und tatsächlich versteckt sich hinter einer solchen Muskelfassade oft ein tief verletzter, hilfloser kleiner Junge oder ein eingeschüchtertes kleines Mädchen.

Bei Frauen zeigt sich die Panzerung des Brust-Rücken-Segmentes sehr oft auch in nach vorn gezogenen Schultern und zurückgezogener Brust. Diese Haltung, die das Herz schützen soll, geht einher mit einem Sich-selbst-Zurück-nehmen, damit, daß sie sich weder in ihrer Kraft und Stärke zeigt noch in ihrer Verletztheit, sondern sich klein macht, um nicht aufzufallen.

Die Panzerung des Beckenbereichs äußert sich bei Männern in der berühmten Django-Haltung mit seitlich angespannt vom Körper weggehaltenen Armen und offensiv nach vorn geschobenem Becken. Das „Ich zeigs euch", das hier ausgedrückt wird, ist eine Überlebensstrategie aus einer Kindheit, in der ein „Ich zeig mich" nicht möglich war.

Bei der tendenziell weiblichen Form der Beckenblockade ist das Becken nach hinten weggekippt (der obere Rand der beiden Beckenschalen ist nach vorn gekippt). Dadurch schiebt sich der Po nach hinten, und die Vagina beziehungsweise der Penis (diese Haltung ist natürlich auch bei Männern zu finden) wird aus dem Leben zurückgezogen, weg nach hinten. „Mich gibt es gar nicht" wird hier ausgedrückt, vor allem, wenn man sich dazu noch die zurückgenommene Brust vorstellt und den tendenziell gesenkten Blick – leibhaftiger Ausdruck der Tatsache, daß wir in der Herrschaftsform des Patriarchats leben, in dem die weibliche Kraft nicht als eigenständig und gleichberechtigt neben der männlichen anerkannt ist, sondern lediglich „Gebrauchswert" hat, dessen man(n) sich bei Bedarf bedient. Und noch ist es so, daß wir Frauen dies auch häufig mit uns machen lassen, daß wir uns – meist unbewußt – auch selbst erniedrigen, und so Mann und Frau sich, scheinbar, gut ergänzen (siehe nächstes Kapitel ab Seite 144).

Ich möchte mich an dieser Stelle auf ein einziges Unterscheidungsmerkmal beschränken, das zum besseren Verständnis der männlichen beziehungsweise weiblichen Energien beiträgt.

Die männliche Energie arbeitet zielgerichtet nach außen. Die weibliche Energie ist in alle Richtungen geöffnet, ist in Kontakt mit dem Ganzen, führt alles in sich hinein, bringt es zusammen, ist nach innen auf das Herz gerichtet. Das macht deutlich, wie wichtig es ist, daß wir alle sowohl mit unseren männlichen als auch mit unseren weiblichen Energien in Kontakt sind und sie in uns leben lassen, da sie sich ergänzen.

Sind wir mit nur einem der beiden Pole in Kontakt, so besteht die Gefahr, daß wir erstarren, weil wir eben nur eine der beiden Energieformen leben können, was sich nach außen entweder dadurch äußert, daß wir uns klein machen, indem wir Becken und Brust zurücknehmen, oder uns größer machen, indem wir Becken und Brust nach vorn schieben. Wo aber Starrheit ist, ist keine Lebendigkeit, kann keine Energie fließen. Das bedeutet, daß der betreffende Mensch gar nicht wirklich mit der männlichen oder der weiblichen Energie in Kontakt ist, sondern daß diese letztendlich nur eine tote Maske ist, hinter der keine wirkliche Kraft steckt. Wirkliche Kraft, die nicht machen, sich nicht beweisen muß, ist einfach da, wenn unsere Körper offen und durchlässig sind. Dann kann sie in uns einfließen, durch uns hindurch und wieder aus uns hinaus, und dann steht uns automatisch sowohl die männliche als auch die weibliche Energie zur Verfügung. Die Energien liegen jenseits des Individuums. Wir können sie nicht besitzen, sondern uns lediglich für sie öffnen.

Halten wir an der weiblichen Energie fest und verleugnen die männliche Energie in uns, dann sind wir nicht in der Lage, uns für unsere eigenen Bedürfnisse einzusetzen, uns dem Leben wirklich zu stellen. Wir selbst gehen unter, wenn wir ausschließlich in Kontakt mit dem Ganzen sind. Außerdem ist das Ganze nur dann ganz, wenn jeder Mann und jede Frau seinen/ihren Platz darin einnimmt und damit auch allen anderen Menschen seine/ihre Grenzen zeigt. Das Beispiel der aufopfernden Ehefrau und Mutter, die nur für ihre Familie lebt und schließlich in Depression verfällt, weil sie gar nicht mehr weiß, wer und was sie selbst ist, macht deutlich, wie fatal sich das Festhalten an der weiblichen Energieform auswirken kann.

Halten wir hingegen an der männlichen Energie fest und verleugnen die weibliche, dann sehen wir nur noch uns selbst und verfallen dem Egotrip. Wir verlieren den Kontakt mit dem Ganzen und verletzen unsere Umwelt mit dem, was wir tun, entweder, indem wir die Gefühle anderer Menschen mit Füßen treten oder anderen Menschen ganz konkret Gewalt antun. Im Großen bedeutet das, daß unsere patriarchalischen Gesellschaften mit ihren Lebens- und Produktionsweisen die gesamte Erde und das Leben auf ihr ständig immer wieder aufs neue verletzen.

Beide Ausprägungen, das Festhalten an der weiblichen Energie genauso wie das Festhalten an der männlichen Energie, sind letztendlich eine Weigerung, sich dem Leben wirklich hinzugeben. Sehr deutlich wird das am Beispiel der sexuellen Vereinigung: Wirkliche Hingabe bis zum Orgasmus ist nur möglich, wenn das Becken sowohl nach vorn als auch nach hinten frei beweglich ist. Was ist das anderes, als das Hin- und Herpendeln zwischen männlicher und weiblicher Energie, der freie Fluß zwischen den beiden Polen?

Bei genauer Beobachtung werden wir feststellen, daß viele Menschen sowohl weibliche als auch männliche Energieformen leben (oder besser gesagt, das, was von ihnen übrigbleibt, wenn der freie Fluß zwischen den Polen gestört ist), allerdings säuberlich voneinander getrennt, aufgespalten in verschiedene Lebensbereiche. Ein Beispiel ist der Manager, groß und mächtig im Büro, der sich zu Hause klein und hilflos gibt.

Nur wenn wir gleichzeitig in Kontakt mit beiden Energien sind, sind wir ganz und lebendig.

4. BLOCKADEN UND IHRE AUSWIRKUNGEN AUF DIE PARTNERSCHAFT

Auf der Grundlage dessen, was wir inzwischen über die geschlechtsspezifischen Formen der Körperpanzerung wissen, können wir uns ein recht plastisches Bild davon machen, wie sich Frau und Mann mit ihren jeweiligen Panzerungen (bzw. die starre weibliche und männliche Energie) schon rein körperlich scheinbar perfekt ergänzen. Die eher aufgeblähte Brust der Männer, die sich oft größer machen als sie sind, nimmt den Raum mit ein, den die Frauen in unserer Gesellschaft durch ihre Tendenz, sich klein zu machen, aufgegeben haben. Das gleiche gilt für das Becken. Richtig spannend wird es, wenn eine(r) der Beteiligten ihre/seine Panzerung aufgibt und zu seiner wirklichen Größe findet. Gibt der Mann seine Übergröße auf, so entsteht ein Vakuum zwischen den beiden, mit dem die Frau in irgendeiner Form umgehen muß. Häufiger dürfte (zumindest zur Zeit noch) die umgekehrte Situation sein: Die Frau öffnet sich immer mehr ihrer wirklichen Größe und Kraft, nimmt sich immer mehr Raum und stößt dabei an die möglicherweise aufgeblasene männliche Brust... Ein schmerzhafter Prozeß kann beginnen, in dessen Verlauf beide Beteiligten ihrer Verletztheit immer näher kommen und indem sie durch sie hindurchgehen immer mehr zu sich selbst finden. Es ist ein Prozeß, der zu immer mehr wirklicher Lebendigkeit, zu immer mehr wirklichem Sein führt.

Allerdings gibt es diese Reinform der Mann-Frau-Rolle immer weniger, und sie hat sich zum Teil sogar umgekehrt: Der inzwischen oft nach außen stark wirkenden, auch im Berufsleben erfolgreichen Frau stehen vielfach die „Softies" gegenüber, Männer, die jede Form der Männlichkeit, der speziell männlichen Energie in sich totgeschlagen haben, so wie nicht selten die starke, erfolgreiche Frau zum Teil ihre weiblichen Energien unterdrückt.

Wie schon an anderer Stelle ausgeführt, spiegelt dies wohl nur wider, daß erst einmal der andere Pol gelebt werden muß, bevor uns das ganze Spielfeld zwischen den beiden Polen für das freie Spiel des Energieflusses in seinen vielfältigen Ausprägungen zur Verfügung steht. Wenn innerhalb einer Partnerschaft eine(r) der Beteiligten in diesen Prozeß eintritt, kann es erforderlich werden, daß die Partner in irgendeiner Form auseinanderrücken, daß sie sich vielleicht weniger sehen, vielleicht auseinanderziehen, daß sie sich (zumindest eine Zeitlang) trennen. Dadurch werden sie ganz auf sich selbst zurückgeworfen und sind gezwungen, sich mehr mit den eigenen Problemen auseinanderzusetzen, statt den anderen auseinanderzunehmen und zu verletzen beziehungsweise sich selbst immer wieder verletzen zu lassen. Der Abstand macht es auch leichter, alte, inzwischen nicht mehr hilfreiche Programmierungen loszulassen und aus alten Verhaltensmustern auszusteigen, die – wenn auch oft in negativer Weise – so gut zu denen des Partners „gepaßt" haben.

So ist auch die Chance am größten, daß Liebe nicht in Haß umschlägt, sondern einfach – auch in Zeiten der Trennung – weiter bestehen kann und es möglicherweise einen Neuanfang unter anderen Vorzeichen gibt. Eine Garantie kann es dafür natürlich nicht geben.

Aus meinen persönlichen Erfahrungen habe ich den Eindruck gewonnen, daß es dabei immer auch darum geht, überhaupt loslassen zu lernen, immer mehr, immer tiefer und dadurch zu einer immer größer werdenden persönlichen Freiheit – auch innerhalb der Partnerschaft – zu gelangen, zu immer mehr wirklichem Sein. Letztendlich bereitet uns alles Loslassen auf das größte Loslassen vor: das Sterben, darauf, im Sterben bereit zu sein, das Leben loszulassen und offen und neugierig zu sein für das, was danach kommt, von dem wir nicht wissen, was es sein wird – so wenig, wie wir wissen, was kommt, wenn wir unsere Beziehung loslassen, unsere feste Arbeitsstelle, das Auto oder welcher kleine Tod auch immer es gerade ist, den es im Moment zu sterben gilt.

5. ATMUNG UND STIMME

Unser Atem ist der Schlüssel zu unserer Lebendigkeit, zu unseren Gefühlen. Der beständige Fluß des Ein- und Ausatmens sorgt für einen fortwährenden Kontakt zwischen unserer Innenwelt und dem, was uns umgibt. Je weniger und je flacher wir atmen, desto weniger Gefühle werden wir in uns wahrnehmen und desto weniger Kontakt werden wir zu unserer Umwelt/unseren Mitmenschen haben.

Wenn Sie Ihre Atmung aufmerksam beobachten, werden Sie erfahren, wo in Ihrem Körper Sie Geheimnisse entdecken können – überall dort nämlich, wo Ihr Atem bei Ihrer üblichen Art zu atmen nicht hinkommt. Das kann die Brust sein, der Bauch, das Becken und/oder der Rücken und so weiter. Diese ausgeblendeten und damit totgestellten Körperbereiche in uns sind ein Zeichen dafür, daß der Körper an dieser Stelle über alten Verletzungen einen Schutz errichtet hat, um sie nicht spüren zu müssen und um sich vor entsprechenden neuen Verletzungen zu schützen. Doch da nichts bleibt, wie es ist, wird das, was einmal zu unserem Schutz und Überleben vom Körper geschaffen worden ist, allmählich kontraproduktiv und verkehrt sich ins Gegenteil: Das, was zunächst ein Schutz war, kann jetzt zu einer Krankheitsursache werden, denn dieser Schutz bedeutet gleichzeitig, daß das komplizierte Selbstheilungssystem des Körpers, bei dem die Atmung eine wichtige Rolle spielt, seine Aufgabe nur noch begrenzt erfüllen kann bis dahin, daß das Festhalten an der Panzerung, die das Überleben sicherte, auf Dauer den frühzeitigen Tod nach sich ziehen kann. So zwingt uns das Leben indirekt, die alte überkommene Überlebenshaltung aufzugeben und zum Lebendigsein zurückzukehren.

Da der freie Atemfluß und damit einhergehend auch der Fluß der Gefühle und deren Ausdruck dabei eine zentrale

Rolle spielt, ist die Atmung und Stimmgebung (als Mittel zum Ausdruck der Gefühle) ein wesentlicher Bestandteil der Übungen. Es geht dabei in erster Linie um das Loslassen, was nichts anderes bedeutet als ein Öffnen des Körpers für den freien Fluß der Lebensenergie. Sie können Ihren Atem ganz gezielt in jeden Teil Ihres Körpers schicken – auch dorthin, wo Sie Verspannungen spüren, auch wenn Sie vielleicht nicht unbedingt gleich den Eindruck haben, wirklich dort hinatmen zu können. Lassen Sie sich dadurch nicht entmutigen, sondern unterstützen Sie das Hinatmen, indem Sie Ihre Vorstellung zu Hilfe nehmen. Irgendwann werden Sie erstaunt feststellen, daß Sie tatsächlich überall hinatmen können und daß dadurch etwas in Ihnen in Fluß kommt.

Sehr hilfreich ist es, sowohl beim Einatmen als auch beim Ausatmen darauf zu achten, die Kiefermuskulatur loszulassen, was dann automatisch zu einem leicht geöffneten Mund führt. Unsere Gesellschaft und damit jeder einzelne von uns zeichnet sich nämlich durch eine gewisse „Verbissenheit" aus, eine Eigenschaft, die positiv als „Willensstärke" oder „Durchhaltevermögen" bezeichnet werden kann. Leider geht sie meist einher mit einer Unterdrückung des Körpers und der Gefühle durch den Verstand. Auf der körperlichen Ebene äußert sich diese Eigenschaft in zusammengepreßten Kiefergelenken, dem sogenannten Zähneknirschen im Bereich der Backenzähne im Schlaf, bis hin zu schmal zusammengepreßten Lippen.

Den meisten Menschen fällt es extrem schwer, den Unterkiefer entspannt nach unten hängen zu lassen. Manche bringen kaum die Zähne auseinander. „Halt den Mund" könnte dabei der zentrale Satz aus der Kindheit sein. Die Kiefermuskulatur nimmt den Befehl an – immer wieder –, bis er sich verselbständigt und zu einer Dauerhaltung wird. Es ist also gar nicht der eigene Wille, der durch die Verbissenheit zum Ausdruck gebracht wird, es sind vielmehr Wertvorstellungen und Zwänge, die man als Kind geschluckt und sich einverleibt hat. Wer wirklich nichts sagen will, kann das mit entspanntem Unterkiefer tun. Nur wem verboten wird zu reden, muß die Zähne zusammenbeißen, um diesen Impuls erfolgreich unterdrücken zu können. Und was für das Reden im allgemeinen gilt, gilt natürlich ganz besonders auch für alle von der Umwelt als negativ bewerteten Gefühlsäußerungen.

Zusammengepreßte Kiefer treten meist in Verbindung mit einem zugeschnürten Hals auf, was zur Folge hat, daß die Atmung eingeschränkt ist. Je weiter wir in diesem Fall den Mund beim Einatmen öffnen, desto mehr Atemluft werden wir in uns aufnehmen können und desto tiefer und voller wird dadurch die Atmung. Beim Ausatmen können wir dann entsprechend viel Spannung über den Atem nach außen befördern – vor allem, wenn wir uns dabei für unsere Stimme öffnen, wenn die Stimme zusammen mit dem Atem aus uns herausfließen darf. Auf diese Weise lassen wir mit jedem Ausatmen ein bißchen mehr von der Spannung los, die irgendwo in unserem Körper festsitzt.

Wenn Sie Ihre Stimme einfließen lassen, sollten Sie immer darauf achten, daß dies auf sanfte, natürliche Weise geschieht. Pressen Sie die Stimme niemals, sondern lassen Sie immer zuerst ein wenig Atemluft ausströmen, um die Stimme dann sanft dazukommen zu lassen, eingebettet in den Atemstrom. Öffnen Sie sich, Ihre Kehle für Ihre Stimme. Es kann sein, daß ein tiefer Seufzer kommt, ein Stöhnen, vielleicht ein lustvoller Ton. Hören Sie einfach zu, was Ihnen Ihre Stimme zu erzählen hat. Am Ende jeden Ausatmens ist wieder nur der reine Atem ohne Stimme. Auf das Ausatmen folgt das nächste Einatmen ganz von selbst, ohne daß Sie etwas tun müssen. Alles geschieht ganz mühelos, je müheloser, desto besser.

Wenn Sie das Gefühl haben, daß Sie Atem und Stimme ganz leicht aus sich herausfließen lassen können, ohne etwas tun zu müssen, können Sie anfangen, mit Ihrer Stimme zu spielen, indem Sie zum Beispiel verschiedene Gefühle ausdrücken oder bestimmte Tiere nachahmen und darauf achten, was diese Töne in Ihnen zum Klingen bringen. Öffnen wir uns wirklich für unseren Atem und unsere Stimme, dann kann es vorkommen, daß plötzlich ein heftiges Weinen oder Lachen aus uns hervorbricht. Vielleicht verstehen wir gar nicht, warum das so ist, aber es ist auf jeden Fall wohltuend und heilsam, diese bisher offenbar unterdrückten Gefühle nach außen dringen zu lassen – auch wenn wir im Moment keine Erklärung dafür haben. Jedes Zulassen von unterdrückten Gefühlen macht uns lebendiger, bringt uns mehr in Kontakt mit unserem Körper und führt uns ein Stück näher zu unserem Kern, zu unserem eigentlichen Wesen. Eine spannende Reise...

NACHWORT: BEWEGUNGSFLUSS IST LEBENSFLUSS
ERFAHRUNGEN MIT DEM ÜBUNGSPROGRAMM

In meinen Kursen mußte ich feststellen, daß es kaum jemanden gibt, für den/die das Loslassen der Muskulatur des ganzen Körpers eine Selbstverständlichkeit ist. Die meisten Menschen scheinen das gleiche Programm in sich zu tragen: daß sie sich anstrengen, abmühen sollen/müssen, um ein – vermeintliches – Ziel zu erreichen.

Bei den Übungen geht es aber nicht darum, sie „zu machen", sondern sie von der Schwerkraft der Erde und vom eigenen Atem „machen zu lassen". Ihre einzige Aufgabe ist es, sich dieser Schwerkraft hinzugeben, dem Boden, der Sie trägt, Ihr ganzes Gewicht anzuvertrauen und Ihren Körper dem Atem zu öffnen, so daß er ungehindert in Sie ein- und aus Ihnen hinausströmen kann.

So einfach dies klingt, so schwierig und langwierig war und ist es für mich – und auch für viele andere, wie ich in meinen Kursen immer wieder erfahre. Es geht hier um zwei ganz zentrale Lebensqualitäten: Hingabe und Vertrauen. Hingabe nicht nur an den/die geliebten Menschen – was oft sehr schwierig ist, sondern auch an die Arbeit, ans Faulenzen, ans Tanzen, Putzen... an all das, was wir jetzt, gerade in dem Moment machen – und in jedem neuen Moment. Mit ganzem Herzen dabei zu sein – auch dann, wenn es gerade Wut und Ärger oder Trauer und Schmerz sind – sich dem Leben mit all seinen Facetten zu öffnen und hinzugeben.

Auf körperlicher Ebene bedeutet das nichts anderes, als loszulassen, die körperlichen Blockaden, die wir im Laufe des Lebens als Schutzschilde errichtet haben, aufzugeben, was heißt, die verschiedensten Muskelpanzerungen aus ihrer oft permanenten Kontraktion zu befreien und uns damit selbst wieder spürbar und aktionsfähig zu machen. Mir fällt dazu eine Redewendung meines Lehrtherapeuten ein: „Falling back into the universe" (sich ins Universum zurückfallen lassen). Dazu bedarf es der Kraft des Vertrauens, nicht des blinden Vertrauens, sondern des wissenden Vertrauens, des Urvertrauens. Um Zugang dazu zu erhalten, müssen wir lernen, von all unseren Sinnen Gebrauch zu machen, auch von denen, die in unserer Zivilisation nicht oder kaum anerkannt werden, wie Intuition, Hellsichtigkeit, Gedankenlesen, der jedem Menschen innewohnenden Weisheit jenseits des Wissens. Und nicht zuletzt, sondern als zentrale Notwendigkeit (um die Not also auch wirklich wenden zu können) geht es darum, auf diese Sinne zu hören, ihnen zu vertrauen und damit sich selbst und dem Leben zu vertrauen.

Auf dieser Grundlage wird dann plötzlich das für Sie richtige Handeln, der für Sie stimmige Ausdruck wie von selbst aus Ihnen herausfließen, ohne Anstrengung. Ich habe schon die phantastischsten Situationen erlebt, in denen ich in plötzlicher Klarheit Sachverhalte erkenne, Dinge sage und Entscheidungen treffe, die ich vorher kaum anzudenken gewagt hätte. Und ich hatte dabei immer das Gefühl, daß es nicht mehr „ich" war, die das Entsprechende sagte, handelte, entschied, sondern etwas Größeres, Höheres, das sich meines ganzen Körpers bemächtigt hatte. Dieses kleine „Ich" stand nur noch daneben, staunte und wußte nicht, wie ihm geschah. Und gleichzeitig war nirgendwo mehr Angst oder Zweifel in mir, sondern vielmehr das Gefühl, daß jede Zelle meines Körpers erfüllt war von dieser Wahrheit. Und dieses kleine „Ich" in mir spürte auch, daß es genau so richtig war, daß es dieser Eingebung, dieser Kraft, die das Handeln übernommen hatte, vertrauen konnte.

Es gibt ständig im Leben Situationen, wo ein spontanes Reagieren erforderlich wäre. Und es ist oft die Summe vieler scheinbar kleiner Reaktionen, mit denen wir unserer inneren Stimme folgen und ihr vertrauen lernen, die uns dann plötzlich eine neue Qualität von Erkennen und Handeln erleben läßt und es uns ermöglicht, aus unseren alten, oft krankmachenden inneren Programmen auszusteigen. Plötzlich sind wir in der Lage, Weichen neu zu stellen und so unser Leben zum Besseren hin zu wenden.

Ein Beispiel mag verdeutlichen, was ich meine, wenn ich von Vertrauen in die eigene Wahrnehmung spreche. Welche Frau (welcher Mann?) hatte nicht schon einmal das unangenehme Gefühl, in dichtem Gedränge (etwa in der Straßenbahn) betatscht zu werden. Doch im gleichen Moment, in dem dieses unangenehme Gefühl auftaucht, kommt auch schon die Abwehr gegen diese Wahrnehmung, etwa in Form einer Rationalisierung: „Bei dem Gedränge kann so etwas schon mal vorkommen." Vielleicht ist Ihre Rationalisierung ein bißchen anders formuliert, aber die Konsequenz, die Sie ziehen, ist ähnlich, nämlich keine Reaktion zu zeigen. Und doch weiß Ihr Körper ganz genau, daß es üble Anmache war, daß Sie jemand für seine Bedürfnisse benutzt, Sie in Ihrer Würde verletzt hat. Doch Sie trauen Ihrer Wahrnehmung nicht, trauen sich nicht. Möglicherweise haben Sie auch einen Mechanismus in sich, der verhindert, daß Sie solche Überschreitungen Ihrer Grenzen, Ihrer Würde wahrnehmen. Wie viele unterschiedlichste Situationen gibt es täglich, wo Ihr Körper Ihnen Signale gibt: Mißtrauen, Skepsis, Zuneigung etc. Doch der Verstand stellt sich dagegen oder Sie geben Ihren Körpersignalen vielleicht keine Chance, ignorieren sie – oder nehmen sie vielleicht nur selektiv wahr. Es gibt Menschen, die nur das Gute und Schöne wahrzunehmen bereit sind, und wieder andere, die sich nur für negative Gefühle öffnen. Niemand ist auf diese Weise wirklich lebendig. Je mehr wir jedoch lernen, unsere Körpersignale wahrzunehmen und ihnen und damit uns zu vertrauen, desto mehr Vertrauen werden wir auch anderen Menschen und dem Leben gegenüber entwickeln. Das geschieht zum einen dadurch, daß wir wahrnehmen lernen, was uns guttut – welche Menschen, welche Situationen, welcher Arbeitsplatz – und was eben nicht gut für uns ist. Aufgrund dieser Wahrnehmungsfähigkeit fangen wir an, uns die Menschen und Situationen auszusuchen, die uns guttun und uns das geben, was wir brauchen. Wir sind nicht länger Opfer der Umstände.

Zum anderen kommt Veränderung auch dadurch, daß wir durch unsere neue Offenheit eine andere Ausstrahlung

bekommen und anders auf unsere Umwelt reagieren können – und die wird es uns lohnen: „Wie man in den Wald
hineinruft, so schallt es heraus." Sie werden bald feststellen,
daß Sie nicht nur ganz andere Menschen, sondern auch
andere Situationen anziehen – ganz automatisch.

Eine wichtige Erkenntnis war für mich in diesem Zusammenhang auch, daß mir niemand etwas geben kann, für das
ich nicht wirklich auch bereit und offen bin. Meist sind
unsere Mechanismen ganz unbewußt, subtil, und wir müssen sie erst einmal aus ihrem Schattendasein ans Licht holen.

Das war ein weiter Ausflug, und doch ist der Bogen von
den Übungen bis hierher gespannt, und wir können uns mit
Hilfe des Bewegungsablaufs allmählich in diese Bereiche
vortasten. Der erste Schritt ist, sich überhaupt die Zeit und
Ruhe zu nehmen, um nur und ausschließlich den eigenen
Körper wahrzunehmen – und dabei immer neue Ent-
deckungen zu machen, neue Körperbereiche wahrzunehmen, die bisher der Wahrnehmung nicht zugänglich waren,
und sich selbst so immer vollständiger zu fühlen und auch
die Abbildungen des Körpers im Gehirn vollständig zu
machen.

Für mich war es oft überraschend, wenn Übungen, die
am Vortag noch sehr gutgingen, plötzlich kaum oder nur
noch mit Schmerzen zu machen waren. Dafür nahm ich
vorher nicht gespürte Verspannungen wahr. Anfangs begegnete ich diesem Phänomen zunächst noch mit Unverständ-
nis: „Wo es mir doch gerade so gutgeht…was soll das
jetzt?" – Doch allmählich konnte ich meine Verspannungen
immer mehr als Wegweiser, quasi als Verbündete und
Freunde annehmen, die mir zeigen, was in meinem Leben
gerade nicht stimmt, während mein Verstand noch weit
davon entfernt ist, das erkennen zu können. Und indem ich
bei den Übungen an meinen Verspannungs-Schmerzpunk-
ten meiner Stimme mit viel Atem freien Lauf ließ, konnte
ich ihr zuhören, was sie mir erzählt. Sie zeigte mir die verschiedensten Emotionen, die ich zuvor unterdrückt hatte:
Trauer, Schmerz, Wut, Lust… Es war immer befreiend für
mich, diesen unterdrückten Gefühlen Ausdruck zu geben

und ihre Energie nicht in meinem Körper einzuschließen, sondern sie rauszulassen bis hin zu Weinen und Schreien. Die körperlichen Verspannungen verabschiedeten sich auf diese Weise. Oft wurde mir dann auch klar, was ich zuvor mal wieder „geschluckt" hatte, statt mich zu wehren, wo ich meine Wut unterdrückt hatte, statt sie auszudrücken, mir zuviel Arbeit aufgeladen oder mich angestrengt hatte, wieder einmal besonders gut zu sein.

Bevor wir etwas verändern können, müssen wir erkennen, was wir uns selbst die ganze Zeit antun. Es sind häufig nicht die anderen, die einem etwas antun und das Leben schwermachen (zumindest nicht, wenn man erwachsen ist und auf eigenen Füßen steht), sondern man tut es sich meist selbst an. Es geht also darum, daß wir zunächst ein Bewußtsein für unsere tiefliegenden, meist unbewußten Mechanismen entwickeln und erkennen, was wir mit uns selbst alles so machen. Es kann auch sein, daß wir dabei an Grenzen stoßen, daß wir uns ohne kompetente Hilfe dem, was alles in uns verborgen ist, gar nicht voll öffnen können und daß wir die Programme, mit denen wir uns und/oder anderen das Leben schwermachen, gar nicht klar erkennen können, weil sie so subtil angelegt sind.

Wir können und müssen nicht alles alleine machen. Es ist durchaus in Ordnung, um Hilfe zu bitten, wenn wir das Gefühl haben, nicht allein aus dem Schlamassel herauszukommen. Auch hier geht es darum, seinen Gefühlen zu vertrauen. Und in der Tat erfahre ich immer wieder an mir selbst und anderen, daß es viele Dinge gibt, die wir gar nicht an uns herankommen lassen können, wenn wir ganz allein sind, die sich nur in tiefster Nähe, Liebe und Geborgenheit im Vertrauen mit einem anderen Menschen zeigen können. Unser Körper hat hier eine perfekte Sicherung eingebaut.

Sehr wichtig ist auch, daß im Bewegungsablauf alles im Fluß ist, daß eine Übung in die andere übergeht. Wir müssen uns also nicht mit viel Energie zur nächsten Übung durchringen, was auch ein Zusammenziehen der gerade erst entspannten Muskulatur bedeuten kann, sondern eine Übung führt einfach in die nächste. Damit assoziiere ich

Weichheit: Der Körper bleibt offen und wird von Übung zu Übung immer weicher und offener. Wir geben uns dem Bewegungsfluß hin, der uns einfach mit sich nimmt und davonträgt zur nächsten Übung.

Allmählich werden Sie vielleicht spüren, daß Sie sich im Leben einem ähnlichen Bewegungsfluß hingeben können, der Sie einmal in ruhige Gewässer führt, durch einen murmelnden Bach, dann wieder durch einen reißenden Strom, durch tosende Gebirgsbäche, senkrecht hinunterstürzende Wasserfälle, an deren Ende vielleicht ein ruhiger tiefer Teich liegt, bevor es möglicherweise in brodelnden Wasserstrudeln weitergeht. Sie können viel Kraft aufwenden, um sich gegen diesen sich ständig wandelnden Lebensfluß zu stemmen, oder Sie entscheiden, sich diesem Fluß hinzugeben. Statt Ihre Kräfte aufzureiben, um sich gegen etwas zu stellen, was sich letztendlich doch nicht aufhalten läßt, öffnen Sie sich einfach diesen um sich und in Ihnen vorhandenen Kräften und lassen sich von dem starken Strom mitten durch die Stromschnellen tragen – um dann wieder im ruhigen Wasser ausruhen zu dürfen.

Mit dem Strom zu schwimmen bedeutet übrigens nicht, irgendeiner Modeströmung, einer religiösen oder politischen Massenbewegung brav zu folgen, weil es vielleicht gerade bequem ist, sondern vielmehr dem ureigenen Lebensfluß zu folgen, sich selbst treu zu sein, in sich zu ruhen, mit sich selbst in Kontakt zu sein. Dies kann dann auch bedeuten, sich gegen die Massenstimmung zu stellen, es nicht zu ertragen, wenn zum Beispiel Ausländer beschimpft oder gar körperlich angegriffen werden, nicht mehr zuzuschauen, wenn Kinder von ihren Eltern geschlagen werden, sondern einzugreifen und sich notfalls unbeliebt zu machen, statt körperliche Blockaden/Anspannungen im Körper aufzubauen, mit denen man seine ureigensten Impulse zurückhält und sich selbst verletzt.

Genau darum geht es letztendlich: den eigenen Gefühlen, den eigenen Grenzen Raum zu geben, ihnen zu erlauben, sich auszudrücken, für sich selbst einzutreten, gar nicht so sehr für andere, zu spüren, wie ich mit den Menschen und der ganzen Natur verbunden bin. Wir atmen alle die gleiche Luft ein und wieder aus, die Energie, die durch uns hindurchfließt, fließt auch wieder aus uns heraus und durch andere hindurch.

Dem eigenen Lebensfluß zu folgen, kann beispielsweise für Menschen, die in ihrem bisherigen Leben immer nach außen hin stark waren, bedeuten, schwach zu werden, Kontakt zu ihrer Bedürftigkeit zu bekommen (z. B. vom Körper durch Krankheit erzwungen). Viele Menschen kämpfen dann erst einmal mit viel Kraftanstrengung und Medikamenten dagegen an, statt sich dieser unbekannten Energie zu öffnen und die Erfahrung zu machen, daß man darin nicht steckenbleibt, wenn man sich dem Fluß hingibt, sondern über die Schwäche immer mehr mit seiner wirklichen Kraft und Stärke in Kontakt kommt.

Umgekehrt gilt das auch für Menschen, die sich immer für schwach gehalten haben. Durch entsprechende Lebensumstände bekommen sie die Chance, Kontakt zu ihrer inneren Stärke aufzunehmen, wenn sie nicht mit großem Kraftaufwand versuchen, an ihrer alten Vorstellung von sich selbst festzuhalten.

Sich dem Lebensfluß hinzugeben, kann für die einen bedeuten, sich mehr auf spontane Impulse von außen einzulassen. Für andere wiederum, die sich von außen haben leiten lassen, kann der eigene Fluß bedeuten, nicht mehr ständig auf entsprechende Situationen und Menschen zu reagieren, sondern mehr in sich zu ruhen.

Wenn wir dem Lebensfluß folgen, kann das Leben wieder zu dem werden, was es eigentlich ist: Lebendigkeit, Veränderung, Hingabe an alle Gefühlswelten. Und Liebe wird nicht mehr nur ein Wort aus Schlagern und Filmen sein, sondern unser Leben und uns selbst immer mehr durchdringen und ausfüllen.

Meine Lehrerinnen und Lehrer

Tanz:

Anna Halprin
Das hier beschriebene Übungsprogramm basiert im wesentlichen auf dem *Daily Ritual* (tägliches Ritual) der amerikanischen Tänzerin Anna Halprin. Sie selbst schrieb über die Entstehung dieses Rituals: „(Es ist entstanden) aus dem persönlichen Bedürfnis, meinem Körper wohlzutun. Was ich anscheinend am dringendsten nötig hatte, war, meine Energie wieder aufzuladen, meine Gefühle wiederzuerwecken, meinen Geist zu entspannen und meinen Körper in der Bewegung ausruhen zu lassen." Wer von uns kennt diese Bedürfnisse, zumindest teilweise, nicht?

Als ich Anna Halprin kennenlernte, hatte ich spontan den Eindruck, daß es ihr gelungen war, sich ihre Bedürfnisse zu erfüllen. Schon von weitem konnte ich in ihrer Ausstrahlung und ihrer Art, sich zu bewegen, ihre jugendliche Energie und Kraft wahrnehmen. In ihrer Nähe spürte ich die Reife einer Frau, die sich dem Leben gestellt hat und weiterhin stellt – eine Reife, die nicht automatisch mit dem Alter kommt.

Anna Halprin ist inzwischen siebzig Jahre alt – siebzig Jahre, die man ihr nicht ansieht, deren Weisheit sich aber sehr wohl bemerkbar macht. Im Laufe der Jahre hat sie viele neue Tanzideen entwickelt und umgesetzt, so zum Beispiel *Circle the Earth*, einen planetarischen Friedenstanz, der inzwischen von Gemeinschaften in 37 Ländern auf vier Kontinenten gemeinsam getanzt wird. Ziel ihrer Arbeit ist es, durch Bewegung Gefühle und Vorstellungskraft mit dem physischen Körper in Einklang zu bringen. Zu diesem Zweck hat sie den psychokinetischen Visualisierungsprozeß und den *Life Art Process* entwickelt. Mit Hilfe dieser Arbeit

war sie vor Jahren auch in der Lage, ihre eigene Krebser-
krankung auf einem selbstgemalten Bild genau zu lokalisie-
ren. Die spätere ärztliche Untersuchung bestätigte es. Um
sich selbst zu heilen, bediente sie sich neben der traditionel-
len Methoden auch ihres *Life Art Process* – mit Erfolg.
Heute arbeitet sie an dem von ihr gegründeten Tamalpa-
Institut mit Krebskranken und HIV-Positiven ebenso wie
mit Gesunden.

KERIAC

KERIAC ist Tänzerin und Choreographin. Sie stammt aus
San Francisco und gestaltet seit ihrem 17. Lebensjahr und
damit seit über dreißig Jahren Solo- und Gruppenproduk-
tionen in den USA und Deutschland. Anna Halprins *daily
ritual* ist nur eine der vielen Quellen, aus denen sie schöpft.
In ihrer jahrzehntelangen Arbeit mit New Dance hat sie
auch sehr viele eigene Ansätze entwickelt. Wichtigstes
Grundprinzip des New Dance ist die mühelose Bewegung.
Atem, Körperhaltung, Energiefluß und Anatomie werden
mit Hilfe verschiedener Techniken erfaßbar gemacht, wobei
die Einmaligkeit jedes Menschen und seines Körpers
berücksichtigt wird.

Als Lehrerin habe ich KERIAC gleich bei unserer ersten
Begegnung schätzen gelernt. Ich befand mich zu dieser Zeit
an einem Tiefpunkt in meinem Leben und erlebte KERIAC
gerade in dieser Extremsituation als sehr wohltuend:
sowohl ihre fachliche Kompetenz und ihre Kreativität als
auch ihre Fähigkeit, aufkommende Gefühle in ihrem Ausdruck zu unterstützen und Raum dafür zu geben, ohne
dabei die Gruppe als Ganzes aus den Augen zu verlieren,
und all das verbunden mit sehr viel Engagement, Feinfüh-
ligkeit, Nähe und Liebe.

KERIAC bietet regelmäßig Kurse und Ausbildungspro-
gramme in Deutschland und den USA an.

Wilfried Gürtler

Wilfried Gürtler ist Diplompsychologe, Psychotherapeut,
Tanztherapeut und Hypnotherapeut. In der von ihm ent-

158

wickelten integralen Ausdruckstherapie kombiniert er Methoden aus der ganzheitlichen Körper- und Tanztherapie und der Kinesiologie mit schamanistischen und tranceinduzierenden Übungen. Er bietet Ausbildungen in Deutschland, Österreich und Ungarn an.

Therapie:

Zentrum für Individual- und Sozialtherapie (ZIST)
ZIST bietet ein vielfältiges qualifiziertes Seminarprogramm und unterschiedliche berufsbegleitende Aus- und Fortbildung an.

Gestaltinstitut of Houston/Texas, USA
Gründer und Leiter ist Leland Johnson. Er verbindet östliche und westliche Methoden in seiner dreijährigen „Körper- und Gestalttherapieausbildung", die er in Deutschland und anderen europäischen Ländern anbietet.

Zentrum für Gestalttherapie
Das Würzburger Zentrum arbeitet in den Bereichen Psychotherapie, Ausbildung, Supervision und Forschung.

Gestaltinstitut Frankfurt e. V.
Neben Selbsterfahrungsgruppen werden auch Einzel- und Paartherapie, systemische Familientherapie und Fortbildungen angeboten. Offene Abende und Wochenendseminare geben eine Möglichkeit zum Kennenlernen.

Elke Lorenz und Alfred Preuss
Elke Lorenz ist Heilpraktikerin und arbeitet mit Gestalt- und Körpertherapie und Hypnosetherapie nach Milton Erickson.
Alfred Preuss ist langjähriger Dozent und Berater (Supervisor) in Organisationen und politischen Institutionen und arbeitet mit Körper- und Gestalttherapie und Bioenergetik.

Beide bieten regelmäßig Selbsterfahrungsgruppen und Aus- und Weiterbildungen in Deutschland und Italien an und haben mir in Zeiten, in denen ich mit großen seelischen und körperlichen Problemen konfrontiert war, sehr geholfen. Dafür danke ich ihnen.

Gila Baxmann und Gabriele Poelchau
Besonders danke ich auch meinen beiden Therapeutinnen Gila Baxmann (Gestalttherapie) und Gabriele Poelchau (Gestalttherapie, Hakomi und Körperarbeit nach Ida Rolf), die mich kontinuierlich mehrere Jahre lang mit ihrer fachlichen Kompetenz und ihrer feinen Intuition begleitet haben.

Stimmarbeit:

Romeo Alavi Kia
Romeo Alavi Kia ist Musiker (Gesang, Gitarre, Komposition) und setzt in seinen Stimmkursen intensive Körperarbeit zur Auflösung von Strukturen ein, die dem freien und natürlichen Fluß der Stimme entgegenstehen.

Carol Swann
Carol Swann unterrichtet New Dance in Europa und den USA und ist außerdem als Lehrerin für Alexander-Technik ausgebildet. Diese Kenntnisse verbindet sie mit ihren *vocal-motion*-Stimmkursen, um die Beziehung zwischen der Stimme und dem Körper als Ganzes zu erforschen.

Schamanismus:

Mondregenbogen
Mondregenbogen ist ein Verein, der unter anderem jahreszeitliche Feste und Gaia-Bewußtseinstrainings anbietet. Hier werden Techniken des klassischen Schamanismus ebenso eingesetzt wie Methoden der transpersonalen Psychologie.

Winkel Märstetten Zentrum für schamanische Erfahrungen
Dieses Zentrum wird von Ursula Schneider geleitet, die über eine vieljährige Praxis in verschiedenen Körpertherapieformen verfügt (Bioenergetik, Massage, Rebirthing, Reiki) und sich seit 1984 auf dem *Sweet Medicin Sundance Path* befindet.

Klaus Aschenbrenner
Klaus Aschenbrenner, mein Bruder, macht baubiologische Untersuchungen (Schlafplatzberatung, Aufspüren von Störfeldern, Strahlen und Wohngiften) und ist außerdem als Vitalisierungsberater (besonders zur Revitalisierung nach langer Krankheit) tätig.

Wenn Sie aufgrund der einen oder anderen Beschreibung neugierig geworden sind, können Sie eine Liste mit Adressen der Institutionen und Kontaktpersonen vom Verlag anfordern:

Aurum Verlag
Georg-Westermann-Allee 66
38104 Braunschweig
Tel. 0531/708–791

Informationen über Seminare der Autorin erhalten Sie ebenfalls vom Verlag.

Alavi Kia, Romeo: *Stimme – Spiegel meines Selbst,* Aurum, Braunschweig, 2. Aufl. 1992

Bachmeier, Bernd: *Fasten und Yoga. Klarheit für Körper, Seele und Geist,* Aurum, Braunschweig 1992

Bass, Ellen/**Davis,** Laura: *Trotz allem. Wege zur Selbstheilung für sexuell mißbrauchte Frauen,* Orlanda Frauenverlag, Berlin 1990

Beaulieu, John: *Heilen mit Musik und Klang,* Hugendubel, München 1989

Belotti, Elena Gianini: *Was geschieht mit kleinen Mädchen?* Frauenoffensive, München 1975

Besems, Thijs/**Van Vugt,** Gerry: *Wo Worte nicht reichen. Therapie mit Inzestbetroffenen,* Kösel, München 1990

Bly, Robert: *Eisenhans. Ein Buch über Männer,* Kindler, München 1991

Brennan, Richard: *Alexander-Technik. Die Wiederentdeckung der natürlichen Körperhaltung,* Aurum, Braunschweig 1993

Bruker, M.O.: *Unsere Nahrung unser Schicksal,* emu, Lahnstein, 23. Aufl. 1991

Burger, Guy Claude: *Die Rohkosttherapie,* Heyne, München 1988

Canacakis, Jorgos: *Ich sehe deine Tränen. Trauern, Klagen, Leben können,* Kreuz, Stuttgart 1987

Cardelle, Frank: *Bruder Mann. Der Weg zu einem neuen Selbst- und Weltverständnis des Mannes.* Bauer, Freiburg 1988

Chase, Truddi: *Aufschrei. Das erschütternde Zeugnis einer Persönlichkeitsspaltung,* Bastei Lübbe, Bergisch Gladbach 1988

Cöllen, Michael: *Laß uns für die Liebe kämpfen. Der neue Weg aus der Partnerkrise: Gestalttherapie für Paare,* Kösel, München, 2. Aufl. 1986

Dahlke, Rüdiger: *Krankheit als Sprache der Seele. Be-Deutung und Chance der Krankheitsbilder,* Bertelsmann, München 1992

Dahlke, Rüdiger: *Herz(ens)-Probleme. Be-Deutung und Chance von Herz- und Kreislaufsymptomen,* Droemer Knaur, München 1992

Dahlke, Rüdiger: *Verdauungsprobleme. Be-Deutung und Chance von Magen- und Darmsymptomen,* Droemer Knaur, München 1992

Dellis, Dean C./**Phillips,** Cassandra: *Ich lieb dich nicht, wenn Du mich liebst. Nähe und Distanz in Liebesbeziehungen,* Econ, Düsseldorf 1991

Dethlefsen, T. / **Dahlke,** R.: *Krankheit als Weg,* Bertelsmann, München 1992

Dethlefsen, Thorwald: *Schicksal als Chance,* Goldmann, München 1991

Dychtwald, Ken: *Körperbewußtsein. Eine Synthese der östlichen und westlichen Wege zur Selbst-Wahrnehmung, Gesundheit und persönlichem Wachstum,* Synthesis, Essen 1981

Eichenbaum, Luise/**Orbach,** Susie: *Was wollen die Frauen? Ein psychotherapeutischer Führer durch das Labyrinth von Wünschen, Ängsten und Sehnsüchten in Liebesdingen,* Rowohlt, Reinbek 1986

Eichenbaum, Luise/**Orbach,** Susie: *Feministische Psychotherapie: Auf der Suche nach einem neuen Selbstverständnis der Frau,* Kösel, München 1985

Ernst, Sheila/**Goodison,** Lucy: *Selbsthilfe Therapie. Ein Handbuch für Frauen,* Frauenoffensive, München 1982

Farelly, F./**Brandsma,** J. M.: *Provokative Therapie,* Springer, Berlin 1986

Feldenkrais, Moshé: *Bewußtheit durch Bewegung,* Suhrkamp, Frankfurt 1978

Foos-Graber, Anya: *Deathing. Den Tod bewußt erleben,* Droemer Knaur, München 1991

Forward, Susan: *Liebe als Leid. Warum Männer ihre Frauen hassen und Frauen ihre Männer lieben,* Goldmann, München 1991

Gach, Michael R.: *Zehn Wege zu zehnmal mehr Energie*, Aurum, Braunschweig 1991

Gawain, Shakti: *Stell dir vor. Kreativ Visualisieren*, Rowohlt, Reinbek 1986

Griscom, Chris: *Der weibliche Weg. Begegnungen mit der Frau in uns*, Goldmann, München 1991

Halprin, Anna: *Bewegungsritual*, Sphinx, Basel 1987

Juchheim, Jürgen K./**Poschet,** Jutta: *Immun. Das Ernährungsprogramm zur Stärkung des Immunsystems*, BLV, München, 6. Aufl. 1992

Keen, Sam: *Feuer im Bauch. Über das Mann-Sein*, Kabel, Hamburg 1992

King, Serge: *Ihr Körper glaubt, was Sie ihm sagen*, Aurum, Braunschweig, 2. Aufl. 1992

Krystal, Phyllis: *Die inneren Fesseln sprengen. Befreiung von falschen Sicherheiten*, Walter, Olten, 5. Aufl. 1991

Krystal, Phyllis: *Frei von Angst und Ablehnung. Lösung aus kollektiven Bindungen*, Walter, Olten 1991

Kuhn, Karl/**Probst,** Wilfried: *Biologisches Grundpraktikum Bd. 1*, Gustav Fischer, Stuttgart 1983

Kurtz, Ron: *Körperzentrierte Psychotherapie: Die Hakomi Methode*, Synthesis, Essen 1991

Kurtz, Ron/**Prestera,** Hector: *Botschaften des Körpers. Bodyreading: ein illustrierter Leitfaden*, Kösel, München, 6. Aufl. 1991

Leonard, Linda: *Töchter und Väter. Heilung einer verletzten Beziehung*, Fischer, Frankfurt, 4. Aufl. 1992

Lerner, Harriet G.: *Wohin mit meiner Wut? Neue Beziehungsmuster für Frauen*, Kreuz, Zürich 1987

LeShan, Lawrence: *Psychotherapie gegen den Krebs*, Klett-Cotta, Stuttgart, 5. Aufl. 1991

Lidell, L./**Thomas,** S./**Beresford Cooke,** C./**Porter,** A.: *Massage*, Mosaik, München 1985

Liedloff, Jean: *Auf der Suche nach dem verlorenen Glück. Gegen die Zerstörung unserer Glücksfähigkeit in der frühen Kindheit*, Beck, München 1992

Lörler, Lu: *Die Hüter des alten Wissens. Schamanisches Heilen im Medizinrad*, Oesch, Zürich 1986

Lowen, A. u. L.: *Bioenergetik für Jeden. Das vollständige Übungshandbuch,* Goldmann, München 1991

Lowen, Alexander: *Der Verrat am Körper,* Goldmann, München 1980

Lowen, Alexander: *Liebe und Orgasmus. Persönlichkeitserfahrung durch sexuelle Erfüllung,* Goldmann, München 1991

Lützner, Hellmut: *Wie neu geboren durch Fasten,* Gräfe und Unzer, München, 3. Aufl. 1992

Lützner, H./**Million,** H./**Hopfenzitz,** P.: *Fasten. Selbständiges Fasten für Gesunde – Schritt für Schritt zum richtigen Essen und zu neuem Selbstbewußtsein,* Gräfe und Unzer, München 1992

Miller, Alice: *Du sollst nicht merken,* Suhrkamp, Frankfurt 1981

Miller, Alice: *Am Anfang war Erziehung,* Suhrkamp, Frankfurt 1983

Miller, Alice: *Das Drama des begabten Kindes und die Suche nach dem wahren Selbst,* Suhrkamp, Frankfurt 1979

Mitchell, Juliet: *Psychoanalyse und Feminismus,* Suhrkamp, Frankfurt, 1984

Mitscherlich, Margarete: *Die friedfertige Frau,* Fischer TB, Frankfurt, 5. Aufl. 1990

Moerman, Cornelis/**Breuß,** Rudolf: *Krebs – Leukämie und andere scheinbar unheilbare Krankheiten mit natürlichen Mitteln heilen,* Aurum, Braunschweig, 7. Auflage 1994

Norwood, Robin: *Wenn Frauen zu sehr lieben. Die heimliche Sucht gebraucht zu werden,* Rowohlt, Reinbek 1991

Olivier, Christiane: *Jokastes Kinder. Die Psyche der Frau im Schatten der Mutter,* dtv, München 1989

Perls, F. S.: *Gestalt-Therapie in Aktion,* Klett-Cotta, Stuttgart, 6. Aufl. 1991

Reich, Wilhelm: *Die Funktion des Orgasmus. Die Entdeckung des Orgon,* Kiepenheuer & Witsch, Köln 1987

Reich, Wilhelm: *Charakteranalyse,* Kiepenheuer & Witsch, Köln 1989

Reichelt, Fe: *Atem, Tanz & Therapie,* Brandes & Apsel, Frankfurt 1990

Rick, S.: *Reflexzonen-Therapie,* Knaur, München 1990

Roy, Ravi u. Carola: *Selbstheilung durch Homöopathie,* Droemer Knaur, München 1988

Rubinstein, Henri: *Lachen macht Gesund. Über die Heilkraft von Lachen und Fröhlichkeit,* mvg, München 1987

Rush, Anne Kent: *Getting clear. Ein Therapie-Handbuch für Frauen,* mvg, München 1988

Rush, Florence: *Das bestgehütete Geheimnis: Sexueller Kindesmißbrauch,* Orlanda Frauenverlag, Berlin, 5. Aufl. 1989

Schasfoort-Spanbroek, Coby: *Den Streß genießen. Streßreduktion durch Edu-Kinestetik,* Aurum, Braunschweig 1993

Schellenbaum, Peter: *Das Nein in der Liebe. Abgrenzung und Hingabe in der erotischen Beziehung,* dtv, München 1986

Schellenbaum, Peter: *Die Wunde der Ungeliebten,* dtv, München 1991

Schmidbauer, Wolfgang: *Die Angst vor Nähe,* Rowohlt, Reinbek 1985

Schwarz, Aljoscha A./**Schweppe,** Ronald P.: *Reflexzonenmassage für Gesundheit und Wohlbefinden,* Aurum, Braunschweig 1993

Sherwood, Keith: *Die Kunst spirituellen Heilens,* Herm. Bauer, Freiburg, 4. Aufl. 1991

Sherwood, Keith: *Kraftzentren des Lebens. Anleitung zur Harmonisierung des feinstofflichen Körpers,* Verlag Hermann Bauer, Freiburg 1986

Simonton, O. C./**Simonton,** S. M./**Creighton,** J.: *Wieder gesund werden. Eine Anleitung zur Aktivierung der Selbstheilungskräfte für Krebspatienten und ihre Angehörigen,* Rowohlt, Reinbek 1982

Vasey, Christopher: *Die Säure-Basen-Gleichheit. Die Quelle für Vitalität und Wohlbefinden,* Midena, Rombach 1992

Vaughan, Frances: *Die Reise zur Ganzheit. Psychotherapie und spirituelle Suche,* Kösel, München 1990

Vrieze-Bloemsma, Henriette de: *Atme dich gesund,* Aurum, Braunschweig 1992

Walker, Norman W.: *Frische Frucht- und Gemüsesäfte,* Waldthausen, Ritterhude 1991

Wallimann, Silvia: *Brücke ins Licht,* Herm. Bauer, Freiburg, 4. Aufl. 1992

Wallimann, Silvia: *Mit Engeln beten,* Herm. Bauer, Freiburg, 3. Aufl. 1991

Wallimann, Silvia: *Erwache in Gott,* Herm. Bauer, Freiburg 1993

Wieck, Wilfried: *Männer lassen lieben. Die Sucht nach der Frau,* Kreuz, Stuttgart 1987

Wilkins, Malcom: *Physiologie der Pflanzen,* Franckh-Kosmos, Stuttgart 1989

Wirtz, Ursula: *Seelenmord. Inzest und Therapie,* Kreuz, Zürich 1989